汽车维护（第3版）

总主编　周乐山
主　编　于占明　王　燕

产教融合　项目教学型教材

QICHE WEIHU

北京师范大学出版社

图书在版编目(CIP)数据

汽车维护/于占明，王燕主编．—3版．—北京：北京师范大学出版社，2021.2(2024.6重印)

ISBN 978-7-303-25946-5

Ⅰ.①汽… Ⅱ.①于… ②王… Ⅲ.①汽车—车辆修理—高等职业教育—教材 Ⅳ.①U472.4

中国版本图书馆CIP数据核字(2020)第105048号

图书意见反馈：gaozhifk@bnupg.com 010-58805079

营销中心电话：010-58806880 58801876

编辑部电话：010-58806368

出版发行：北京师范大学出版社 www.bnupg.com
北京市西城区新街口外大街12-3号
邮政编码：100088

印　　刷：鸿博睿特(天津)印刷科技有限公司

经　　销：全国新华书店

开　　本：787 mm×1092 mm 1/16

印　　张：13

字　　数：280千字

版　　次：2021年2月第3版

印　　次：2024年6月第11次印刷

定　　价：39.80元

策划编辑：庞海龙　　责任编辑：庞海龙

美术编辑：焦　丽　　装帧设计：焦　丽

责任校对：康　悦　　责任印制：马　洁　赵　龙

汽车运用与维修专业
项目化课程编写指导委员会

本书编委会

主　编　于占明　王　燕

参　编　李永祥　马徐林　柏　帆　诸长乾

任海生

出版说明

本套教材是在汽车维修行业专家、企业专家、课程专家的精心指导下，结合汽车维修企业生产岗位和工作实际开发的。本套教材紧紧围绕汽车售后维修企业的职业工作需求，以就业为导向，以技能训练为中心，以“更加实用、更加科学、更加新颖”为编写原则，旨在探索理论与实践一体化的教学模式，具有如下特色：

1. 教材编写理念。借鉴“行动导向”的教学模式，以学生为主体，以教师为指导，以提高学生职业技能和创新能力为目标，理论紧密联系实践。理论知识以必备、够用为度，技能训练面向岗位需求，注重结合汽车后市场服务岗位群和维修岗位群的岗位知识与技能要求，使学生学完每一本教材后，都能获得该教材所对应的职业岗位能力。

2. 教材结构体系。根据汽车维修职业岗位工作需求，采用项目、任务两个层级，实施项目导向、任务驱动的模式构建课程体系。理论教学和技能训练有机融合，专业学习和“1＋X”考证有机融合，实践教学与岗位培训有机融合，系统性和模块化有机融合，方便不同地区、不同专业、不同条件、不同层次的学生或人员剪裁选用。

3. 教材内容组织。精选对学生有用的基础理论和基本知识，突出实用性、新颖性，以我国保有量较大的轿车为典型，引入现代汽车新技术、新工艺、新规范，结合典型车型维修手册，加强“任务实施”内容的编写。在教学中坚持立德树人，德技并修，将规范操作、5S管理、良好的职业素养理念融入专业课程教学内容之中。引导教师在“做中规范地教”，学生在“学中规范地做”。教学内容突出典型工作任务，任务实施注重以实例为引导，激发学生的学习兴趣，符合学生的认知规律。

4. 教材编排形式。本套教材图文并茂，采用四色印刷。教材编排通俗易懂、简明实用、由浅入深，符合职业院校学生的心理特点。每一项目均配有“项目概述”，让学习者知道本项目要学习的任务和在“知识、技能、行为习惯和职业素养”四个方面应达到的要求。每一个任务都有具体的学习目标，配有技术规范、有安全提示的任务实施步骤，力求做到科学、规范、明晰。教材最后配有课程评价，便于学生对课程教学提出建议和专业教师教学素质提升。

5．教材配套资源。每本教材都配有学生工作手册和数字化教学资源，教学资源主要包括教学视频、电子教案、教学课件等。配套资源可方便广大教师组织教学，也可方便广大读者学习。

由于编写人员能力有限，教材中不足之处在所难免，恳请各位读者批评指正。

汽车运用与维修专业项目化课程编写指导委员会

序

据公安部统计，2021年全国机动车保有量达3.95亿辆，其中汽车3.02亿辆。我国已经进入了飞速发展的汽车社会新时代，汽车维修业也成为与广大人民群众日常生活息息相关的现代服务业。随着国家对职业教育的重视和投入的增加，我国的汽修职业教育取得了快速发展，为社会输送了一大批在汽修一线工作的高技术技能型人才，从一定程度上突破了汽车维修人才紧缺的瓶颈。但同时应该看到，汽车电动化、智能化、网联化和共享化的快速推进，打破了人们对传统汽车的理解，对汽车维修人才也提出了更高的要求。教育是国之大计、党之大计。培养什么人、怎样培养人、为谁培养人是教育的根本问题，育人的根本在于立德。全面贯彻党的教育方针，落实立德树人根本任务，培养德智体美劳全面发展的社会主义建设者和接班人，坚持以人民为中心发展教育，加快建设高质量教育体系，发展素质教育，促进教育公平。加强企业主导的产学研深度融合，坚持学思用贯通、知信行统一。这就需要我们工作在职业教育一线的专家、教师在习近平新时代中国特色社会主义思想指导下，创新教育理念，改革教学模式，优化专业教材，为党育人、为国育才，培养出真正符合党和国家要求的高技术技能型汽修人才。

教学模式的创新，得益于先进的课程理念，先进的课程理念需要一套完整的课程方案和配套的课程资源来体现，近几年，在企业、行业专家和课程专家的指导下，北京师范大学出版社开发了一整套汽车运用与维修专业的项目化教材，并不断完善和更新。相比以往的职业教育汽车运用与维修专业教材，这套教材有许多特点和亮点，主要体现在：

1. 面向职教。教材作者均来自汽车维修专业教学一线，有多年从事专业课教学的经验，大多数参编者都亲自参加过职业院校汽车运用与维修技能大赛的教师组比赛项目，并取得了优异的成绩。因此，在教材的编写过程中，他们能紧扣汽车运用与维修专业的培养目标，并借鉴全国职业院校汽车运用与维修技能大赛所提出的能力要求，把维修行业的规范、安全、环保、高效、服务、合作、敬业等理念贯穿于专业技能训练的课目之中，符合当前汽车后市场对人才的综合素质要求。

2. 难易适度。本套教材汲取了宝马、丰田、上海通用等知名汽车企业培训教材的精华，着重强调结论性、应用性强的必备基础理论知识，使得教材整体理论知识的学习难度降低，同时又保证学生在分析和解决实际问题时能具有一定的理论基础，这符合职业院校学生的认知特点。

3. 实用性强。本套教材体例实用，并配有学生工作手册，力求把知识传授、技能训练、行为习惯培养和职业素养养成融为一体，有利于学生综合素质的提升，使学生能够运用所学的基本知识举一反三、触类旁通，同时也为学生后续学习奠定基础。教材中精选了典型的工作任务，并配有工艺化的任务实施流程，旨在培养学生正确使用工具和设备解决实际问题的能力，达到学生毕业后即可胜任汽车后市场相应工作岗位的技能和素质要求。

4. 静动并举。本套教材在理论知识讲解和具体工作任务实施中采用了大量的实物图，教材采用四色印刷，在文字描述方面力求简洁规范、通俗易懂，在关键知识点的理论讲解和具体工作任务实施时配有教学视频、动画演示等数字化资源，激发了学生的学习兴趣，降低了学习难度，方便学生自我完善和自我提高。

这套教材的推广使用，将有助于职业院校汽车运用与维修专业教学质量和能力的提高。希望大家多提宝贵意见和建议，也希望我国的职业教育事业越办越好。

前言

随着我国汽车工业的高速发展，我国的汽车工业也在逐渐地和世界接轨，一个新的观念，即“七分养，三分修”“定期保养，以养代修”“养护为主，视情修理”正在被广大车主所接受。在西方发达国家，汽车维护与保养作为一个新兴行业早已经得到迅速发展。汽车进修理厂，一种情况是发生交通事故，另一种情况就是汽车的零部件出现异常损坏或到达了其寿命时间需要更换。而平时，更多的是对汽车进行定期的保养维护，如果保养方法得当，可以使车辆长期保持良好的工作状态，甚至可以使车辆终生无大修。

为了使大家更好、更全面地了解汽车维护与保养知识，学习掌握汽车维护与保养的基本方法和要领，我们编写了这本《汽车维护》教材。本书简化了对理论知识的过多讲解，通过图文并茂的形式，简明介绍了汽车维护与保养工作岗位中具体工作任务必备的专业知识，力求做到浅显易懂。本书在介绍基本方法的同时，注重学生的实践动手能力的训练和安全文明生产意识的培养，树立“安全修车、环保修车、人文修车”理念。所以，我们也将一定比重的环保、安全、礼节和职业道德等知识有机地渗透在与之相关的各个项目的相关知识和项目思考题中，其目的就是为了学生在学习掌握相关技术技能的同时，接受一些安全、环保方面的教育，培养学生的安全意识、环保意识、服务意识，塑造良好的服务形象。

本书具体学习内容及教学建议见下表：

序号	项目名称	学习任务	参考学时
项目 1	汽车维护基础	4	10
项目 2	汽车的日常维护	7	24
项目 3	汽车一级维护	5	24
项目 4	汽车二级维护	10	36
合　　计		26	94

本书由于占明、王燕任主编，李永祥、马徐林、柏帆、诸长乾、任海生任参编。于占明编写了项目 1，王燕编写了项目 2，李永祥编写了项目 3 的任务 1～4，马徐林编写了项目 3 的任务 5 和项目 4 的任务 1～4，柏帆编写了项目 4 的任务 5～8，诸长乾编写了项目 4 的任务 9，任海生编写了项目 4 的任务 10。

由于编写者的水平有限，如有不足之处，恳请提出宝贵意见。

目录

项目1　汽车维护基础 …… 1

任务1　做一名合格的汽车维护学员 …… 2

任务2　5S现场管理 …… 21

任务3　车辆的基本防护和安全检查 …… 28

任务4　举升机的规范使用 …… 43

项目2　汽车的日常维护 …… 55

任务1　车身外观及附属设施的检查与维护 …… 56

任务2　车身功能部件的检查与维护 …… 64

任务3　汽车工作液的检查与维护 …… 72

任务4　制动装置的检查与维护 …… 77

任务5　风窗玻璃喷水器、刮水器的检查与维护 …… 81

任务6　照明、信号指示装置及仪表的检查与维护 …… 87

任务7　空调系统的功能检查 …… 93

项目3　汽车一级维护 …… 98

任务1　空气滤清器和燃油滤清器的检查与维护 …… 100

任务2　机油及机油滤清器的更换 …… 106

任务3　冷却系统的检查与维护 …… 113

任务4　底盘系统的检查与维护 …… 120

任务5　蓄电池的检查与维护 …… 125

项目 4　汽车二级维护 …………………………………………… 132

任务 1　车载诊断系统的规范检查 ………………………………… 133

任务 2　发动机工作状态的规范检查 ……………………………… 140

任务 3　发动机传动带的规范检查和调整 ………………………… 144

任务 4　进、排气歧管和排气管的规范检查 ……………………… 148

任务 5　火花塞、高压线的检查与更换 …………………………… 153

任务 6　制动器、离合器踏板的检查与调整 ……………………… 159

任务 7　盘式制动器的检查与调整 ………………………………… 165

任务 8　鼓式制动器的检查与调整 ………………………………… 176

任务 9　轮胎换位 …………………………………………………… 185

任务 10　排气污染物的检测 ……………………………………… 189

课程评价 …………………………………………………………… 195

项目 PROJECT 1

汽车维护基础

项目概述

在汽车4S店等汽车售后维修企业中，70%以上的维修工作是进行汽车定期维护。汽车定期维护作业是保证车辆能够长期有效正常运转、确保行车安全、提高顾客满意度和放心度的最佳手段。作为一名合格的汽车运用与维修专业学生，不仅要掌握汽车维护的基本知识和基本技能，更要践行生命至上、绿色生产、求真务实、服务人民、敬业奉献的工匠精神，努力成为德才兼备的高素质人才。

本项目包含了4个基本学习任务：任务1，做一名合格的汽车维护学员；任务2，5S现场管理；任务3，车辆的基本防护和安全检查；任务4，举升机的规范使用。

通过本项目的学习，要在知识、技能、行为习惯、职业素养等方面达到以下相关要求。

序号	学习内容(知识、技能、行为习惯、职业素养)	评价标准			
		了解知道	理解掌握	指导下操作	独立操作
1	安全、规范地工作				√
2	爱护客户车辆				√
3	工作、学习环境整洁有序				√
4	汽车维护分级、周期、作业项目	√			
5	汽车维护人员构成及基本工作流程		√		
6	做一名合格的汽车维护学员			√	
7	5S现场管理的定义和目的		√		
8	执行5S现场管理				√
9	车辆的基本检查和安全防护的目的、作业内容	√			
10	规范进行车辆的基本检查和安全防护			√	
11	举升机的类型和控制键的功能	√			
12	车辆正确的举升支撑位置		√		
13	规范操作举升机			√	

任务1 MISSION 做一名合格的汽车维护学员

完成本学习任务后，你应当能：

(1)叙述汽车定期维护的目的。

(2)通过查找汽车维护的国家标准，能叙述汽车维护的分级和主要工作内容。

(3)叙述汽车定期维护的周期制定原则和一般规定。

(4)通过查找维修手册，确定 5 000～20 000 km 内主要维护作业项目。

(5)通过角色扮演不同的汽车维护人员，熟悉基本构成、主要职责和基本工作流程，树立服务人民的理念。

(6)叙述汽车维修人员最佳工作的基本原则，践行绿色生产、求真务实、敬业奉献的工匠精神。

建议完成本学习任务为 4 学时。

相关知识

一、定期维护的目的

汽车在使用中，由于各种因素的影响，各系统零部件必然会产生不同程度的磨损，技术状况也会逐渐变差，使用性能降低。为了减小汽车各系统零部件的磨损速度，保持汽车技术状况良好，延长汽车的使用寿命，防止事故发生，减少油、器材的消耗，应及时对车辆进行定期预防性保养，经过调整和更换来保持其性能，如图 1-1-1 所示。

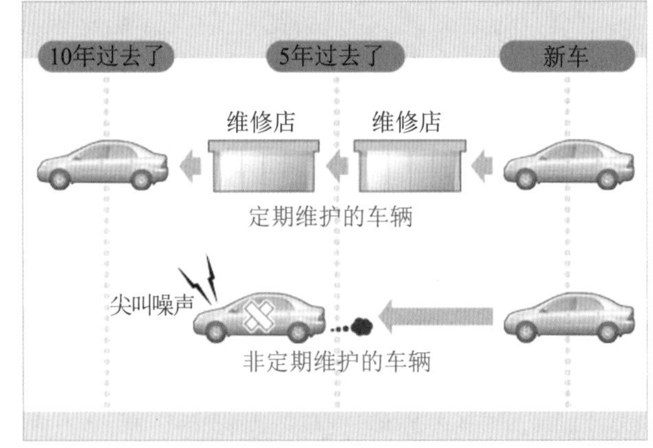

图 1-1-1　汽车定期维护

定期维护，可以确保车辆的长期有效正常运转，并让顾客放心。

(1)今后可能发生的许多较大的故障都能得以避免。

(2)可以使车辆保持在符合法规规定的状态中。

(3)可以延长车辆的使用寿命。

(4)顾客可以享受既经济又安全的驾车体验。

二、我国汽车维护的国家标准

目前，我国汽车维修企业所执行的国家标准是2016年国家颁布的《汽车维护、检测、诊断技术规范》(GB/T 18344—2016)。此标准规定了汽车维护的分级和周期、维护作业要求以及质量保证。此标准适用于以汽油或柴油为燃料的在用汽车，挂车可参照执行。

三、汽车维护的分级

1. 日常维护

日常维护是指以清洁、补给和安全性能检视为中心内容的维护作业。一般由驾驶人负责执行。

2. 一级维护

一级维护指除日常维护作业外，以清洁、润滑、紧固为作业中心内容，并检查有关制动、操纵等系统中的安全部件的维护作业。由维修企业负责执行。

3. 二级维护

二级维护指除一级维护作业外，以检查、调整制动系、转向操纵系、悬架等安全部位，检查、调整发动机工作状况和汽车排放相关系统等为主的维护作业。由维修企业负责执行。

四、汽车维护的周期

1. 日常维护

日常维护：出车前，行车中，收车后。

2. 一级维护、二级维护

汽车一级维护、二级维护周期的确定应以行驶里程为基本依据，行驶里程间隔执行车辆维修资料等有关技术文件的规定。对于不适用行驶里程间隔统计、考核的汽车，可用行驶时间间隔确定一级维护、二级维护周期。我国道路运输车辆一级维护、二级维护推荐周期参见

表 1-1-1。

表 1-1-1　道路运输车辆一级维护、二级维护推荐周期

适用车型		维护周期	
		一级维护行驶里程间隔上限值或行驶时间间隔上限值	二级维护行驶里程间隔上限值或行驶时间间隔上限值
客车	小型客车(含乘用车)(车长≤6 m)	10 000 km 或 30 日	40 000 km 或 120 日
	中型及以上客车(车长>6 m)	15 000 km 或 30 日	50 000 km 或 120 日
货车	轻型货车(最大设计总质量≤3 500 kg)	10 000 km 或 30 日	40 000 km 或 120 日
	轻型以上货车(最大设计总质量>3 500 kg)	15 000 km 或 30 日	50 000 km 或 120 日
挂车		50 000 km 或 120 日	15 000 km 或 30 日

注：对于以山区、沙漠、炎热、寒冷等特殊运行环境为主的道路运输车辆，可适当缩短维护周期。

定期维护周期要根据汽车的类型、结构、行驶条件，所使用的燃料和润滑油料的品质及维护质量等因素相应变化。通常的维护周期是由里程表上的读数或距上次保养的时间与使用条件来决定的。一般规定行驶时间和行驶里程两个条件，达到其中之一后就要对某项内容进行保养。

维护周期根据行车距离和前次维修后至今的时间来决定。如图 1-1-2 所示，如果某个具体零件的维修计划规定为 40 000 km 或 24 个月，则这些条件中满足任一条件时，就是维护满期日：上次维修后，已行车 40 000 km/12 个月(图 1-1-2 中所示1)，或上次维修后，已行车

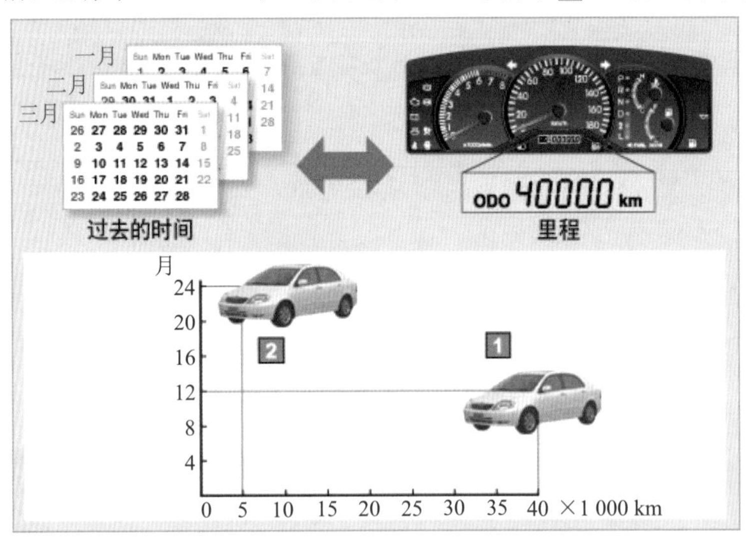

图 1-1-2　保养周期的影响因素

5 000 km/24 个月(图 1-1-2 中所示□)。

特别提醒：维护日程表通常是由许多因素来决定的。例如，车型、车龄、车辆的使用地点和车辆的用处。如果车辆经常在非常恶劣的路况行驶，就需要对车辆进行比较频繁的维护。

3. 常见轿车品牌的定期维护周期

常见轿车品牌的定期维护周期见表 1-1-2。

表 1-1-2 常见轿车品牌的定期维护周期

品牌	代表车型	首次维护	二级维护	维护间隔
一汽丰田	卡罗拉	5 000 km 或 3 个月	10 000 km 或 6 个月	5 000 km 或 3 个月
上海大众	桑塔纳	7 500 km 或 6 个月	15 000 km 或 12 个月	15 000 km 或 12 个月
东风标致	307	7 500 km 或 6 个月	10 000 km 或 12 个月	5 000 km 或 6 个月
北京现代	i30	5 000 km 或 6 个月	10 000 km 或 6 个月	5 000 km 或 3 个月
别克	凯越	5 000 km 或 3 个月	10 000 km 或 6 个月	5 000 km 或 3 个月
雪佛兰	科鲁兹	3 000 km 或 3 个月	10 000 km 或 9 个月	5 000 km 或 6 个月
华晨宝马	740Li	10 000 km 或 12 个月	20 000 km 或 24 个月	10 000 km 或 12 个月
一汽奥迪	奥迪 A4L	7 500 km 或 6 个月	15 000 km 或 12 个月	7 500 km 或 6 个月
北京奔驰	1.6TL4C180K	10 000 km 或 12 个月	20 000 km 或 24 个月	10 000 km 或 12 个月

五、 汽车定期维护的主要工作形式

汽车定期维护的主要工作形式如图 1-1-3 所示。

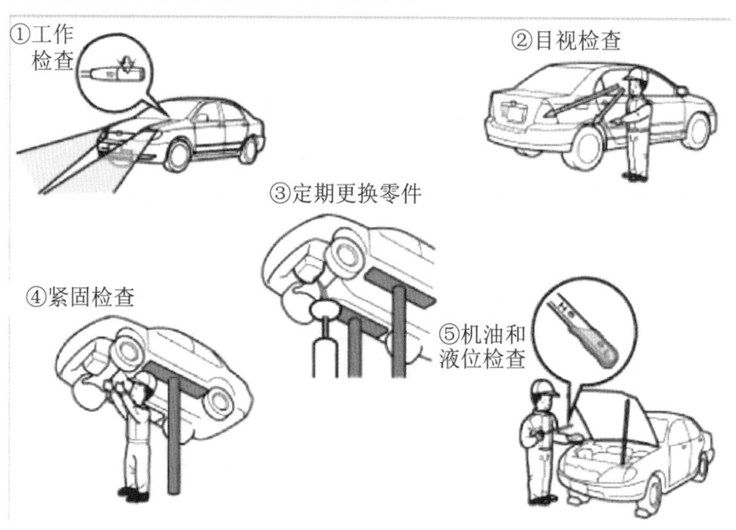

图 1-1-3 汽车定期维护的主要工作形式

(1)工作检查：灯、发动机、刮水器、转向机构等。

(2)目视检查：轮胎、外观等。

(3)定期更换零件：发动机机油、发动机机油滤清器等。

(4)紧固检查：悬架、排气管等。

(5)机油和液位检查：发动机机油、动力转向液、防冻冷却液、制动液等。

六、 汽车定期维护的工作内容

以雪佛兰科鲁兹轿车(2013 款 1.6SLAT 天地版)为例，介绍汽车定期维护的工作内容。

1. 正常条件

正常驾驶条件指在典型日常驾驶条件下驾驶。按一般维护计划维护车辆，见表 1-1-3。

○：检查这些项目及其相关零件。必要时，进行校正、清洗、添加、调整或更换。

●：更换。

表 1-1-3　雪佛兰科鲁兹轿车定期维护计划

保养操作	按月数[1]	6	12	18	24
	km(×1 000)[1]	10	20	30	40
与排放相关的项目					
传动带		每 10 年/150 000 km 更换			
检查发动机机油油位		每 3 000 km/1 个月检查			
发动机机油和机油滤清器[7]		每 5 000 km/6 个月更换			
燃油滤清器		○	●	○	●
燃油管路和连接		○	○	○	○
添加燃油添加剂(适用于带有 Turbo 发动机的车辆)		参见附注[2]			
发动机空气滤清器滤芯		○	●	○	●
火花塞		每 60 000 km 更换			
点火正时		○	○	○	○
气门间隙		每 10 年/150 000 km 检查一次，必要时更换			
蒸发排放碳罐和蒸气管路		○	○	○	○
PCV 系统			○		○
一般项目					
冷却系统软管和连接		○	○	○	○
发动机冷却液[3]		○	○	○	○

续表

保养操作	按月数[1]	6	12	18	24
	km(×1 000)[1]	10	20	30	40
正时带及带张紧轮		每 60 000 km 更换			
空气滤清器滤芯(空调)			●		●
清洗冷却风扇		每 5 000 km 清洗一次[4]			
排气管和安装支架		○	○	○	○
制动器/离合器油液		每 2 年或 30 000 km 更换			
前制动衬片和制动盘		○	○	○	○
后制动衬片和制动盘		○	○	○	○
驻车制动器		○	○	○	○
制动管路和连接(包括助力器)		○	○	○	○
后轮毂轴承和间隙		○	○	○	○
手动变速器油液		○	○	○	○
底盘和车身下部螺栓和螺母固定/紧固		○	○	○	○
自动变速器油液[5]		每 80 000 km 更换			
轮胎情况和充气压力		日常检查			
车轮定位[6]		发现异常时检查			
转向盘和链杆		○	○	○	○
动力转向液和管路		○	○	○	○
驱动轴助力器		○	○	○	○
安全带、搭扣和扣环		○	○	○	○
润滑车门锁、铰链和发动机罩锁闩		○	○	○	○

(1)以先到者为准。

(2)对于使用 Turbo 发动机的车辆，建议用户在每次更换机油时，向油箱中添加一瓶燃油添加剂。在此间隔内可视发动机工作状况相应添加，但无须频繁添加。

(3)视情况添加，使用期限 5 年 240 000 km。

(4)请送至上汽通用汽车销售有限公司雪佛兰特约售后服务中心进行清洗。

(5)不需要定期检查油液。如果发生变速器故障或漏油时，则需要检查变速器油液。

(6)如有必要，换位和平衡车轮。

(7)对于配备有机油寿命监测系统的车辆，可根据系统提示进行更换，但每年至少更换一次。

2. 恶劣条件

如果车辆在以下任何条件下使用，有些项目需要更经常地维护，见表 1-1-4。

(1)经常短距离行驶。

(2)在多尘、沙地或粗糙不平的道路上行驶。

(3)频繁怠速。

(4)经常在交通拥堵的条件下或较热的天气下行驶。

(5)在山地或陡丘行驶。

(6)用作巡逻车、出租车或运货车。

(7)频繁在零度以下行驶。

(8)经常在走走停停的交通条件下行驶。

表 1-1-4　恶劣条件的维护计划

项目	间隔	驾驶条件
发动机空气滤清器滤芯	每 5 000 km 检查。如有必要，清洁或更换	2
空气滤清器滤芯(空调)	需要更频繁地保养。如有必要，更换	2
制动器/离合器油液	每年更换	5，6
制动器衬片、制动盘、衬垫	需要更频繁地保养。如有必要，更换	1，5，6，8

七、 汽车维护人员的基本构成

如图 1-1-4 所示，汽车维护人员的基本构成如下所述。

管理员/领班：分配工作给技师并监督每项工作的进程。

技师领队：进行修理并检查每项工作的质量。

业务人员：判断客户的需求并提供建议。

技术员：维护和修理工作。

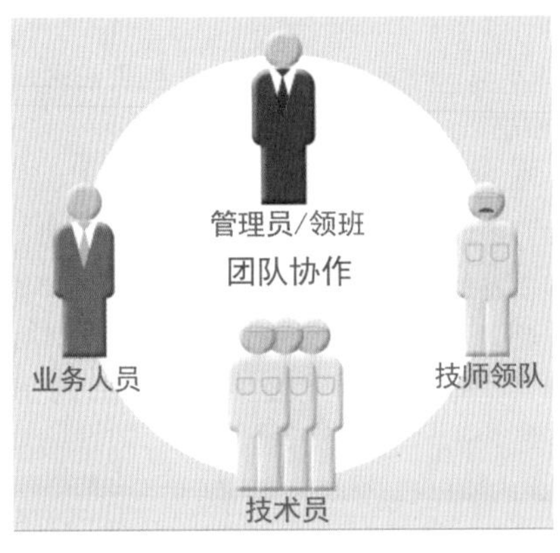

图 1-1-4　汽车维护人员的基本构成

八、 汽车维护人员工作的基本原则

1. 职业化的形象

汽车维护人员职业化的形象如图 1-1-5 所示。

穿干净的制服；穿干净的防护鞋；戴干净的帽子；发型整洁利落；无带扣的皮带；口袋里有清洁的抹布；不戴手表或戒指；不带钥匙扣。

图 1-1-5　职业化的形象

2. 爱护车辆

如图 1-1-6 所示，注意以下事项。

(1)要使用座椅套、翼子板布、前格栅布、方向盘套和地板垫。

(2)小心驾驶客户车辆。

(3)在客户车内不抽烟。

(4)切勿使用客户音响设备或车内电话。

(5)拿走留在车上的垃圾和零件箱。

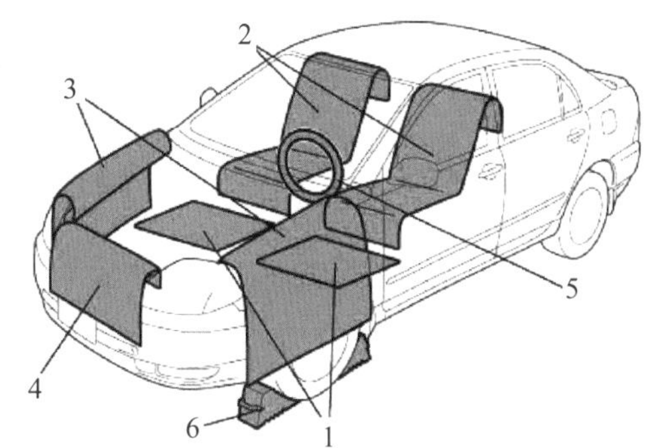

图 1-1-6　爱护车辆

1. 地板垫　2. 座椅套　3. 翼子板布
4. 前格栅布　5. 方向盘套　6. 车轮挡块

3. 整洁有序

(1)如图 1-1-7 所示，保持车间(地面、工具架、工作台、仪表、测试仪等)的整洁有序。

①拿开不必要的物件。

②保持零部件和材料整齐有序。

③打扫车间卫生，清洗和擦净工件。

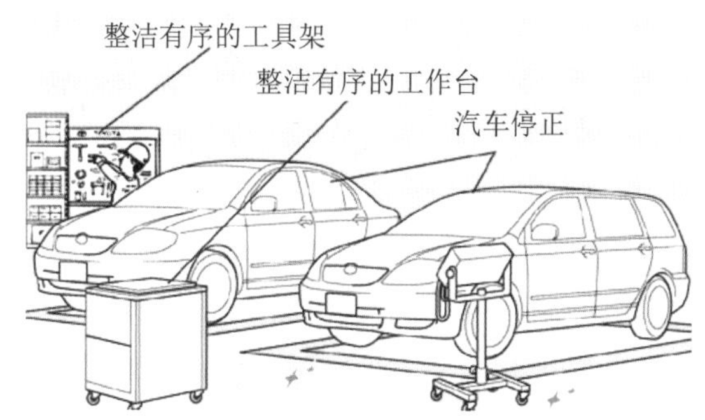

图 1-1-7　整洁有序

(2)汽车停正后方可维修。

4. 安全生产

如图 1-1-8 所示，注意以下事项。

(1)正确地使用工具和其他设备(汽车举升机、千斤顶、砂轮机等)。

(2)小心着火，工作时切勿抽烟。

(3)切勿搬运过重的物件。

图 1-1-8 安全生产

5. 计划和准备

如图 1-1-9 所示，注意以下事项。

(1)确认“主要项目”(客户进行维修的主要原因)。

(2)确认已了解客户的要求及管理员/领班的指示。若出现返工的情况，要特别注意沟通。

(3)如果除了规定的工作外还有其他工作，请报告给管理员/领班，只有在得到客户的同意后方可进行。

(4)为你的工作做好计划(工作程序和准备)。

(5)确认库存有所需零部件。

(6)根据维修单工作，避免出错。

图 1-1-9 计划和准备

6. 快速、可靠地工作

如图 1-1-10 所示，注意以下事项。

(1)使用正确的 SST(专用维修工具)和测试仪。

(2)根据维修手册、电子线路图和诊断手册进行工作，以避免主观猜测。

(3)了解最新技术信息，如技术服务简报上的内容。

(4)如果有事情不清楚，询问管理员/领班。

(5)如果你发现车辆还有不包括在维修条款内的其他地方需要维修，向管理员/领班汇报。

(6)尽可能运用所学技能。

图 1-1-10 快速、可靠地工作

7. 按时完成

如图 1-1-11 所示，注意以下事项。

(1)如果你能按时完成该工作，请再检查一下。

(2)如果你认为将推后(或者提前)完成任务，或者需要做其他工作，请通知管理员/领班。

图 1-1-11 按时完成

8. 工作完成后要检查

如图 1-1-12 所示，注意以下事项。

(1)确认主要项目已完成。

(2)确认已完成所有其他需要做的工作。

(3)确认车辆至少和你刚接手时是同样清洁的。

(4)将驾驶座、转向盘和反光镜返回到最初位置。

(5)如果钟表、收音机等的存储被删除，请重新设置。

图 1-1-12 工作完成后要检查

9. 保存旧零件

如图 1-1-13 所示，注意以下事项。

(1)将旧零件放在塑料袋或者空零件袋中。

(2)将旧零件放在预定的地方，如放在前排副驾驶乘员座椅前面的地板上。

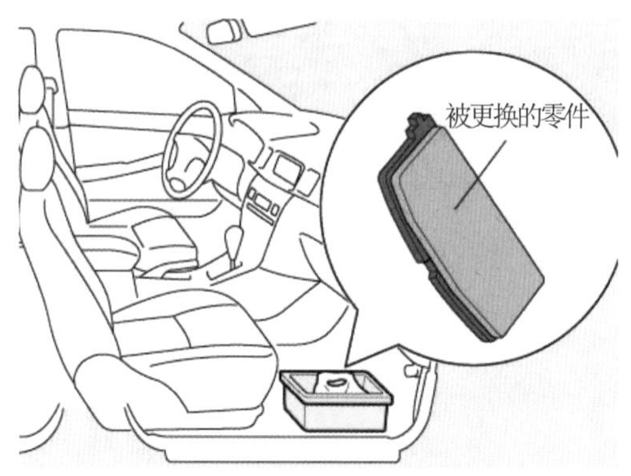

图 1-1-13　保存旧零件

10. 后续工作

如图 1-1-14 所示，注意以下事项。

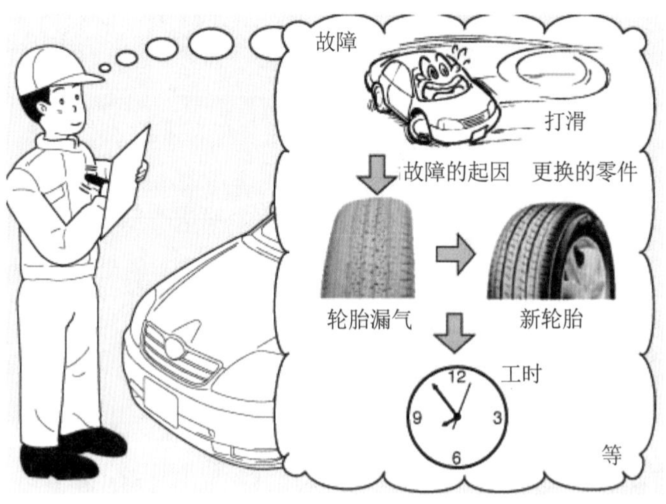

图 1-1-14　后续工作

(1)完成维修单和维修报告。例如，写下故障原因、更换的零件、更换原因、劳动时长等。

(2)未列在维修单上的任何其他信息，必须通知管理员/领班。

(3)在工作中所注意到的任何异常情况必须告知管理员/领班。

九、汽车维护的基本工作流程

汽车维护的基本工作流程如图1-1-15所示。

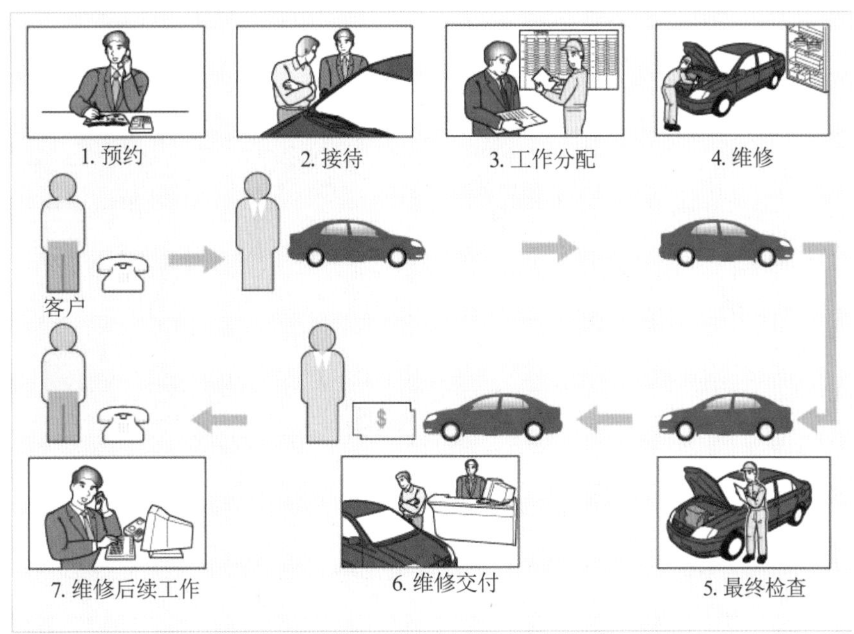

图1-1-15　汽车维护的基本工作流程

拓展知识

机动车强制报废

商务部、发改委、公安部、环境保护部联合发布的最新《机动车强制报废标准规定》自2013年5月1日起开始实施，颁布的新规定取消了对私家车等非营运车的报废年限。已注册机动车有下列情形之一的应当强制报废，其所有人应当将机动车交售给报废机动车回收拆解企业。由报废机动车回收拆解企业按规定进行登记、拆解、销毁等处理，并将报废机动车登记证书、号牌、行驶证交公安机关交通管理部门注销。

(1)达到规定使用年限的。

(2)经修理和调整仍不符合机动车安全技术国家标准对在用车有关要求的。

(3)经修理和调整或者采用控制技术后，向大气排放污染物或者噪声仍不符合国家标准对在用车有关要求的。

(4)在检验有效期届满后连续3个机动车检验周期内未取得机动车检验合格标志的。

关于各种机动车使用年限和引导报废里程参考值见表1-1-5。

表1-1-5　机动车使用年限及行驶里程参考值汇总表

车辆类型与用途					使用年限/年	行驶里程参考值/万千米
汽车	载客	营运	出租客运	小、微型	8	60
				中型	10	50
				大型	12	60
			租赁		15	60
			教练	小型	10	50
				中型	12	50
				大型	15	60
			公交客运		13	40
			其他	小、微型	10	60
				中型	15	50
				大型	15	80
		专用校车			15	40
		非营运	小、微型客车，大型轿车		无	60
			中型客车		20	50
			大型客车		20	60
	载货		微型		12	50
			中、轻型		15	60
			重型		15	70
			危险品运输		10	40
			三轮汽车、装用单缸发动机的低速货车		9	无
			装用多缸发动机的低速货车		12	30
	专项作业		有载货功能		15	50
			无载货功能		30	50
挂车			半挂车	集装箱	20	无
				危险品运输	10	无
				其他	15	无
			全挂车		10	无

续表

车辆类型与用途		使用年限/年	行驶里程参考值/万千米
摩托车	正三轮	12	10
	其他	13	12
轮式专用机械车		无	50

注：表中机动车数据主要依据《机动车类型　术语和定义》(GA 802—2008)进行分类。

任务实施

1. 工作任务

做一名合格的汽车维护学员。

2. 任务准备

(1)工作场景：理实一体化教室，如图 1-1-16 所示。

(2)主要设备：举升机、教学车辆、尾气抽排装置、成套组合工具车、多层零件车、轮胎架、工作台、垃圾桶、机油回收机、多媒体设备等。

(3)辅助材料：翼子板布、前格栅布、三件套、抹布、手套。

(4)配件准备：SAE10W-40 机油、机油滤清器、排放塞、排放塞垫片、空气滤清器。

图 1-1-16　理实一体化教室

3. 工作表单（表 1-1-6）

表 1-1-6　工作表单

序号	作业内容	备注
1	提前准备好学习用品，快速站队	
2	检查工装、胸卡穿戴情况，检查有无禁带物品	
3	快速、安静地进入规定教室，做好课前准备	
4	实施上、下课仪式，规范向老师问好	
5	推选小组长，积极制定学习合同	
6	清点设备、工具，正确使用并及时归位	

续表

序号	作业内容	备注
7	按照要求进行理论及技能学习，完成工作任务	
8	认真记录和总结	
9	下课认真执行 5S，排队且安静地下楼梯	

4. 工作步骤（表 1-1-7）

表 1-1-7　工作步骤

作业内容	图　解	技术规范
1. 学员整队		技术要求 1. 课前 5 min，在规定地点集合 2. 每个班两路纵队，队列整齐 3. 班、组长清点班、组人数 4. 整理仪容仪表，佩戴好胸卡 5. 检查学习用品是否齐全 6. 由班、组长带队到教学楼前规定位置
2. 接受督导检查		技术要求 1. 课前 3 min，到规定地点 2. 接受值班教师、执勤学员督导、检查 3. 整理仪容仪表，佩戴好胸卡 4. 检查有无禁带物品 5. 检查手机是否处于关机状态 6. 记住本组学习的教室编号
3. 走进教学楼		技术要求 1. 由组长带队进入 2. 按照值班教师要求有序单列进入 3. 做到快、静、齐 安全警告 1. 注意脚下，阴、雨天注意防止滑倒摔伤 2. 禁止拥挤、嬉戏打闹

续表

作业内容	图　　解	技 术 规 范
4. 上楼梯		技术要求 1. 由组长带队 2. 单列，靠右侧通行 3. 做到快、静、齐
5. 进入教室		技术要求 1. 按指定座位坐下 2. 将学习用品摆放整齐 3. 坐姿端正 4. 再次检查自己的仪容仪表、工装穿着情况 5. 再次确认手机已处于关机状态
6. 实施上课仪式		技术要求 1. 在教师说“上课”之后，组长大声喊“起立” 2. 在教师说“同学们好”之后，学员们大声齐喊“老师好” 3. 在教师说“请坐下”之后，学员们快速坐好
7. 组长汇报出勤情况		技术要求 1. 组长走到教师面前，向教师准确汇报“本组应到人数，实到人数” 2. 组长汇报缺勤学员姓名、原因以及有无和班主任请假 3. 待教师记录完毕后回到座位

续表

作业内容	图　　解	技 术 规 范
8. 推选小组长		技术要求 1. 听清任务学习的小组数和每个小组的学员名单，按组别坐在规定位置 2. 学员讨论并推选本小组的小组长 3. 将小组长名单告诉教师 4. 小组长要熟悉自己的职责 5. 小组长对本组学员提出要求
9. 制定学习合同		技术要求 1. 学员学习本次任务中教师针对学员制定的“教师期望”，认真领会并记录 2. 学员讨论并制定本次任务中学员针对教师的“学员期望”，并认真记录 3. 明确学习任务、任务实施的学时、任务完成的评价方法
10. 清点设备工具		技术要求 1. 组长按照清单清点本教室的设备并确认，缺漏的设备向教师提出补充请求 2. 各小组长按照清单清点本组的设备并确认 3. 检查有无损坏的设备并提请更换 4. 小组长明确大型设备使用记录的填写方法
11. 学习必备知识		技术要求 1. 认真听讲 2. 积极参加小组讨论 3. 认真记笔记 4. 回答问题声音要响亮 5. 记下你不懂的问题并及时请教 6. 维护良好的学习秩序

续表

作业内容	图　解	技术规范
12. 实施工作任务	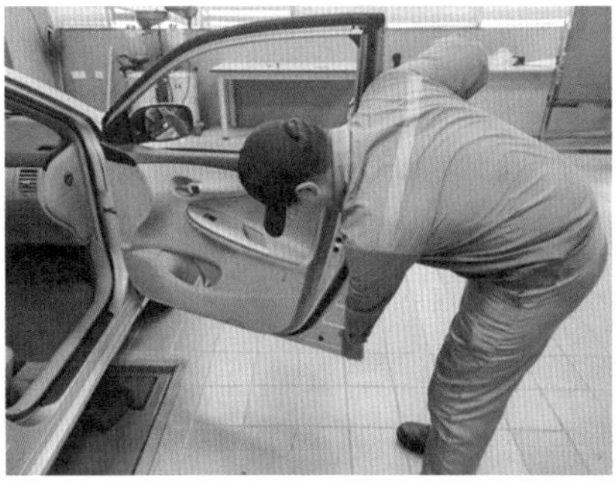	技术要求 1. 明确所做的工作任务 2. 注意人身安全和工作安全 3. 按照教师和小组长的安排执行任务 4. 经过研究思考还不清楚的及时请教教师和同学 5. 及时进行5S工作 6. 及时填写工作单
13. 课间休息		技术要求 1. 停下所做的工作，确保车辆、设备的安全，将车窗关好，车门上锁，钥匙交给教师 2. 按时参加学校安排的体育锻炼活动 3. 及时关掉使用完毕的设备的电源，熄灭室内照明灯 4. 保持安静，禁止嬉戏打闹 5. 提前做好各方面准备，按时上课
14. 任务结束整理		技术要求 1. 车辆复原，将车窗关好，车门上锁，钥匙交给教师 2. 工具清洁后放在工具箱的规定位置 3. 及时将垃圾分类丢弃到垃圾桶，垃圾桶的垃圾应及时倒在学校规定的位置 4. 关好门窗，关闭用电设备 5. 组长清点设备、工具，并填写设备使用记录，有问题及时报告教师
15. 任务结束总结		技术要求 1. 小组长组织学员进行本次任务的总结，选派代表发言 2. 提出合理化的建议，指出不会的知识点或技能操作项目 3. 认真听取和记录教师的评价 4. 记录教师布置的课外作业 5. 准备好带走的学习资料

续表

作业内容	图　解	技术规范
16. 实施下课仪式		技术要求 1. 组长在教师说“下课”后大声喊“起立” 2. 学员们站立整齐 3. 在教师说“同学们再见”后，学员们齐声说“老师再见，老师您辛苦了！” 4. 学员们自觉将桌椅摆放在规定位置 5. 值日生留下，准备做值日
17. 排队下楼		技术要求 1. 带齐自身学习资料，走出教室 2. 教室门口走廊处排好单列队伍 3. 排好后有序下楼 4. 右侧通行，走下楼梯 5. 禁止嬉戏打闹，禁止奔跑 6. 按照班主任要求，回到本班教室
18. 值日（5S管理）		技术要求 1. 认真做好地面清扫，确保地面干净整洁 2. 规范清洁车辆和大型设备 3. 将垃圾分装并带走 4. 关掉所有的电、气、水开关，关好门窗 5. 值班教师和学员检查合格后方能离开 6. 规范放置扫除用具，带走垃圾，锁好教室门

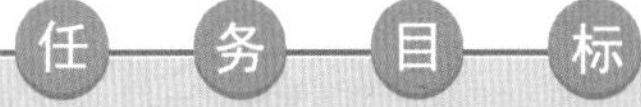

任务2　5S现场管理

任务目标

完成本学习任务后，你应当能：

(1)叙述5S的含义和目的。

(2)正确整理工作、学习场地。

(3)合理摆放工具和零部件。

(4)正确清扫地面、清洁设备，并始终保持环境整洁有序。

(5)自主学习规章制度，自觉遵守工作纪律。

建议完成本学习任务为2学时。

相关知识

一、整理（SEIRI）

定义：区分必需品和非必需品，现场不放置非必需品。

目的：腾出空间，防止误用。

如图1-2-1所示，注意以下事项。

(1)按照必要性，组织和利用所有的资源，不管它们是工具、零件或信息。

(2)在工作场地指定一处地方来放置所有不必要的物品。收集工作场地中不必要的东西，然后丢弃。

(3)小心存放物品很重要，同样，丢弃不必要的物品也很重要。

图1-2-1　整理

二、 整顿（SEITON）

定义：一个整顿工具和零件的过程，合理布局，将寻找时间减小为零。

目的：场所一目了然，工作秩序井井有条，消除找寻物品的时间。

如图 1-2-2 所示，注意以下事项。

(1)将很少使用的物品放在单独的地方。

(2)将偶尔使用的物品放在你的工作场地。

(3)将常用的物品放在你的身边。

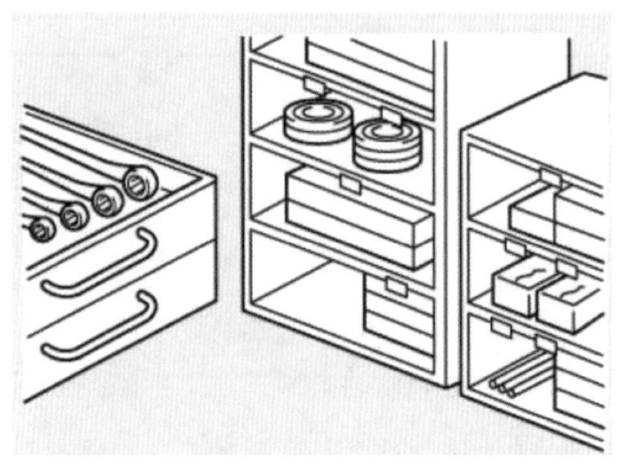

图 1-2-2 整顿

三、 清扫（SEISO）

定义：一个使工作场地内所有物品保持干净的过程。

目的：保持良好的工作环境，永远使设备处于完全正常的状态，以便随时可以使用。

如图 1-2-3 所示，注意以下事项。

(1)一个肮脏的工作环境是你缺少自信的反映。

(2)要养成保持工作场地清洁的好习惯。

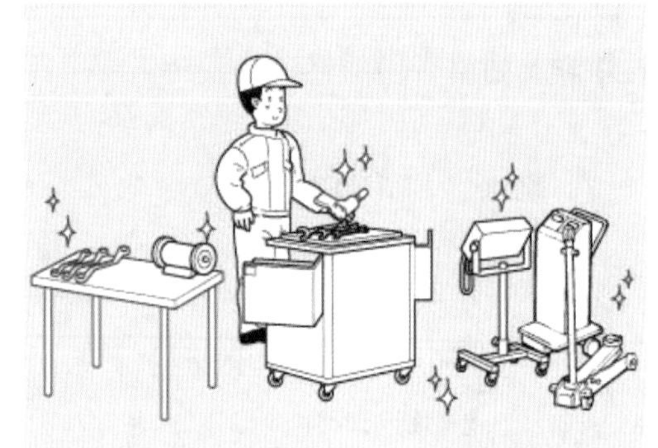

图 1-2-3 清扫

四、 清洁（SEIKETSU）

定义：这是一个努力保持整理、整顿和清扫状态的过程，也是一个通过对各种物品进行分类，清除不必要的物品使你的工作场所保持干净的过程。

目的：防止任何可能问题的发生，使清洁成为惯例和制度(这是标准化的基础)，形成企业文化。

如图 1-2-4 所示，注意以下事项。

(1)任何事情都是有助于使工作环境保持清洁的因素：颜色、形状、物品的布局、照明、通风、陈列架以及个人卫生。

(2)如果工作环境变得清新明亮，它能够给顾客带来良好的气氛。

图 1-2-4 清洁

五、 修养（SHITSUKE）

定义：包括广泛培训，使员工成为自律的企业员工。对于规定了的事，大家都要遵守执行。

目的：使员工遵守规章制度，培养具有良好素质习惯的人才，铸造团队精神。

如图 1-2-5 所示，注意以下事项。

(1)自律形成文化基础，这是确保与社会协调一致的最起码的要求。

(2)通过规章制度方面的培训，学员学会自律，学会尊重他人。

图 1-2-5　修养

拓展知识

5S 的起源和发展

5S 起源于日本，是指在生产现场对人员、机器、材料、方法等生产要素进行有效管理，这是日本企业独特的一种管理办法。20 世纪 50 年代，日本企业推行了前两个 S，宣传口号为"安全始于整理，终于整顿"，其目的仅为了确保作业空间和安全。后因生产和品质控制的需要又逐步提出了 3S，也就是清扫、清洁、修养，从而使应用空间及适用范围进一步拓展。到了 20 世纪 80 年代，日本的 5S 的著作逐渐问世，从而对整个现场管理模式起到了冲击的作用，并由此掀起了 5S 的热潮。

日本企业将 5S 运动作为管理工作的基础，推行各种品质的管理手法，而在丰田公司的倡导推行下，5S 对于塑造企业的形象、降低成本、准时交货、安全生产、高度的标准化、创造令人心旷神怡的工作场所、现场改善等方面发挥了巨大作用，逐渐被各国的管理界所认识。随着世界经济的发展，5S 已经成为工厂管理的一股新潮流。

根据企业进一步发展的需要，有的公司在原来 5S 的基础上又增加了节约（Save）及安全（Safety）这两个要素，形成了 7S，有的企业在 7S 的基础上加上习惯化（Shiukanka）、服务（Service）及坚持（Shikoku），形成了 10S。但是万变不离其宗，所谓 7S、10S 都是从 5S 里衍生出来的。

任务实施

1. 工作任务

5S 现场管理。

2. 任务准备

(1)工作场景：理实一体化教室。

(2)主要设备：举升机、教学车辆、尾气抽排装置、成套组合工具车、多层零件车、轮胎架、工作台、垃圾桶、机油回收机、多媒体设备等。

(3)辅助材料：翼子板布、前格栅布、三件套、抹布、手套。

(4)配件准备：SAE10W-40 机油、机油滤清器、排放塞、排放塞垫片、空气滤清器。

3. 工作表单（表 1-2-1）

表 1-2-1　工作表单

序号	作业内容	备注
1	整理车间，丢掉非必需品	
2	整顿工具车，按照规范摆放工具	
3	清扫并拖净地面，使地面保持干净	
4	正确擦拭车辆、玻璃和车间设备	
5	正确处理地面油污	
6	学习相关规章制度，签订安全责任书	

4. 工作步骤（表 1-2-2）

表 1-2-2　工作步骤

作业内容	图　解	技术规范
1. 整理	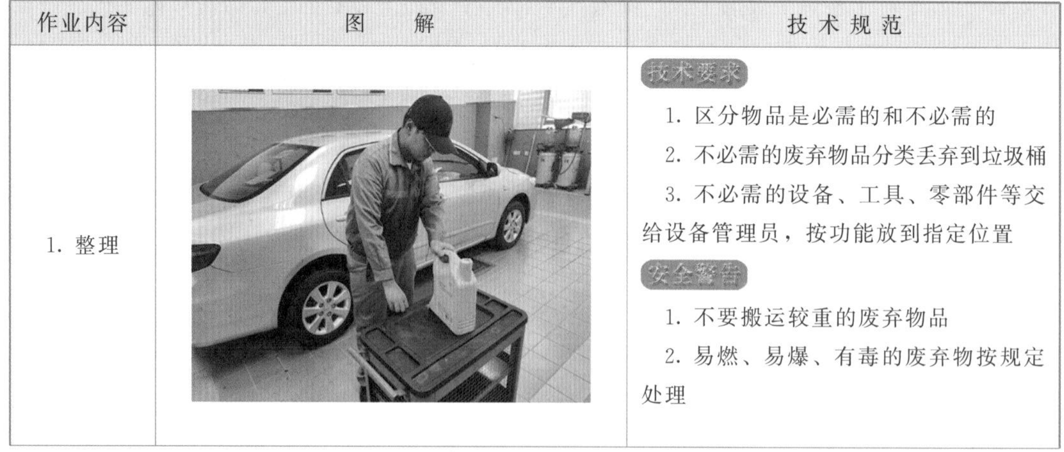	技术要求 1. 区分物品是必需的和不必需的 2. 不必需的废弃物品分类丢弃到垃圾桶 3. 不必需的设备、工具、零部件等交给设备管理员，按功能放到指定位置 安全警告 1. 不要搬运较重的废弃物品 2. 易燃、易爆、有毒的废弃物按规定处理

续表

作业内容	图 解	技术规范
2. 整顿		技术要求 1. 将很少用的专用工具取出，并在规定地方存放 2. 将偶尔用的工量具放在工具车下面几层的规定位置 3. 将常用的工量具放在工具车上面几层的规定位置 4. 工量具按类别摆放整齐
3. 清扫		技术要求 1. 用扫把清扫，及时将垃圾放到垃圾箱 2. 要对重要零部件进行防护，避免扬尘 3. 注意地面上有无掉下的小零部件 4. 理论教室的地毯需使用吸尘器来清扫 5. 清扫工具用完后放到规定位置
4. 拖净地面		技术要求 1. 将拖把在拖把池或水桶中洗涮干净 2. 将拖把头的水甩干或拧干 3. 将地面拖干净 4. 将用过的拖把洗涮干净后挂在规定位置 安全警告 避免直接拖地面上的电源地插，谨防触电
5. 擦拭车辆		技术要求 1. 将车辆熄火，取出钥匙，门窗关严 2. 将毛巾在水桶中洗净，拧过后有少量水 3. 自上而下轻柔擦拭，及时清洗擦车毛巾 4. 最后用另一块干净的毛巾擦干车身表面 5. 将毛巾挂到规定位置

续表

作业内容	图　解	技术规范
6. 擦拭门窗玻璃		技术要求 1. 抹布清洗干净，沥干水分 2. 自上而下擦拭 3. 最后用干净的干抹布或纸张擦去残留水分 安全警告 站在板凳上擦拭高处玻璃时要有专人扶着
7. 擦拭设备工具		技术要求 1. 抹布洗净后沥干水分，擦拭设备表面 2. 用干抹布擦拭工具表面，确保无油污 3. 精密量具用干净的干抹布擦拭 安全警告 1. 电气设备要断电后擦拭，电器开关处用干抹布擦拭 2. 有防锈要求的设备工量具要及时涂抹防锈油
8. 处理地面油污		技术要求 1. 用废纸或抹布将较多油污擦掉 2. 用洗手沙或锯末等进一步吸附油污 3. 用蘸有去污剂的拖把反复拖，直到没有油污 安全警告 一旦地面有油，立即处理，防止人员滑倒
9. 保持清洁状态		技术要求 1. 将废弃物及时丢弃 2. 用完的工具设备及时清洁归位 3. 地面有水渍、油污、尘土等及时清扫 4. 工作间始终保持整洁有序

续表

作业内容	图　　解	技术规范
10. 提高自身修养		技术要求 1. 熟悉规章制度 2. 认真学习专业知识 3. 团结合作学习 4. 爱护车辆、设备 5. 尊敬教师和师父 6. 有爱岗敬业精神
11. 填写工作表单	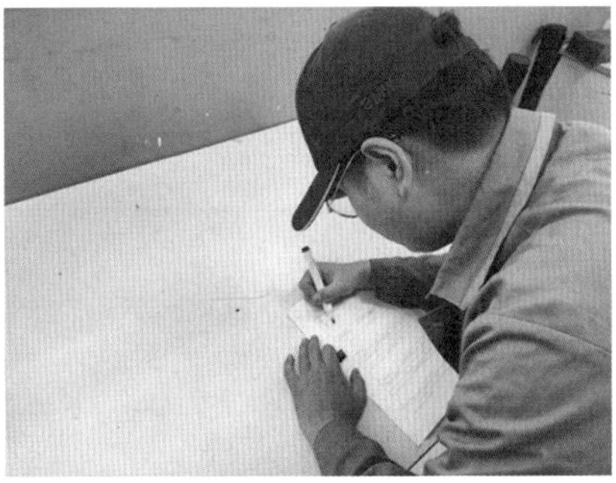	技术要求 1. 完成的项目在工作表单中确认 2. 正常的画“√”，有问题的画“×” 3. 有数据记录的记录相关数据 4. 有疑问的做好相关记录

MISSION 任务3 车辆的基本防护和安全检查

任务目标

完成本学习任务后，你应当能：

(1)叙述车辆基本防护的目的和防护项目。

(2)叙述车辆安全检查的必要性和检查项目。

(3)规范地进行车辆的基本防护。

(4)规范地进行车辆的安全检查。

建议完成本学习任务为2学时。

相关知识

一、车辆基本防护的目的和内容

1. 车辆基本防护的目的

车辆基本防护的目的：防止客户车内进入灰尘或沾染脏污、防止划伤或腐蚀车身涂层，以及防止车辆移动，便于检查维护。

2. 车辆基本防护的内容

车辆基本防护的内容如图1-3-1所示。

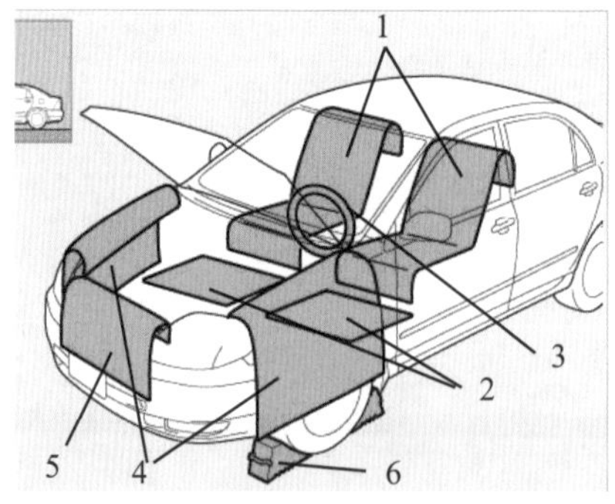

图1-3-1 车辆基本防护的内容

1. 座椅套 2. 地板垫 3. 方向盘套 4. 翼子板布 5. 前格栅布 6. 车轮挡块

驾驶室内基本防护如下。

(1)放上座椅套。

(2)放上地板垫。

(3)放上方向盘套。

车辆的前部基本防护如下。

(1)打开发动机罩(通过拉动发动机罩释放杆)。

(2)放上翼子板布。

(3)放上前格栅布。

(4)用车轮挡块挡住车轮。

二、 车辆安全检查的目的和内容

1. 车辆安全检查的目的

车辆安全检查的目的是确定在定期检查过程中是否存有起动发动机、自动变速器挂挡或开动刮水器所需的正常油液量，以及保证起动的最低蓄电池电压。

2. 车辆安全检查的内容

车辆安全检查的内容如图 1-3-2 所示。

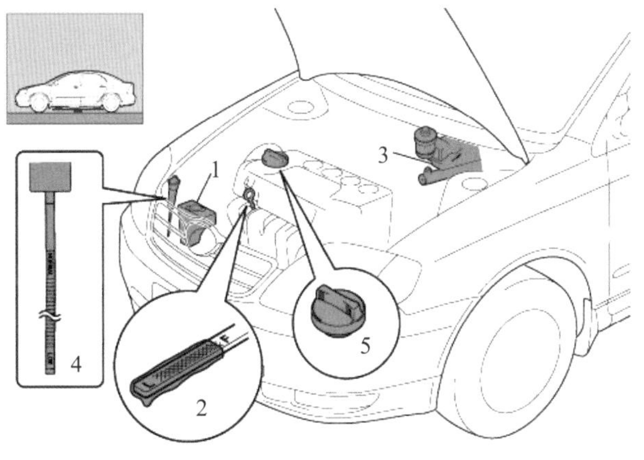

图 1-3-2 车辆安全检查

1. 散热器储液罐 2. 机油油尺 3. 制动总泵储液罐

4. 洗涤器液位尺 5. 机油加注口盖

(1)冷却液：确认散热器储液罐内有冷却液，确保正常液位。

(2)发动机机油：用油尺检查发动机机油液位，确保正常油位。

(3)制动液：确认制动总泵的储液罐内有制动液，确保正常液位。

(4)洗涤液：用液位尺来检查洗涤液的液位，确保有洗涤液。

(5)自动变速器油：用油尺来检查自动变速器油液位，确保正常油位。

(6)蓄电池电压：用万用表来检查，电压不低于 12 V，确保能正常起动发动机。

拓展知识

PDI 检测

PDI 检测是一项售前检测证明，是新车在交车前必须通过的检查。因为新车从生产厂到达经销商处经历了上千千米的运输路途和长时间的停放，为了向顾客保证新车的安全性和原厂性能，PDI 检查必不可少。越是高档车辆，其电子自动化程度越高，PDI 项目的检查也就越多。例如，未做 PDI 的新车，会始终在运输模式运行。这种模式只能简单行驶，很多系统没有被激活。强行使用会导致功能不全，甚至会严重损害车辆，给车辆及驾驶人的安全造成极大的危害。正常情况下，各种车辆在使用过程中都要进行正规的维护保养。PDI 检查项目范围很广，其中包括一些细微的检查，如电池是否充放电正常、钥匙记忆功能是否匹配、舒适系统是否激活、仪表灯光功能是否设置到原厂要求等。技术人员所做的一切，为的是向顾客确保车辆的安全性和驾驶的舒适性。

任务实施

1. 任务准备

(1)工作场景：理实一体化教室。

(2)主要设备：举升机、教学车辆、尾气抽排装置、成套组合工具车、多层零件车、轮胎架、工作台、垃圾桶、机油回收机、多媒体设备等。

(3)辅助材料：翼子板布、前格栅布、三件套、抹布、手套。

2. 任务表单（表 1-3-1）

表 1-3-1　任务表单

序号	作业内容	备注
1	检查车辆在举升机工位上停放是否周正	
2	在两个后轮前后正确放置车轮挡块	
3	使用钥匙正确打开驾驶侧车门	
4	转向盘解锁，将点火开关旋至“ON”	根据情况选做
5	降下车窗玻璃	根据情况选做
6	放置地板垫	
7	安装方向盘套	
8	安装座椅套	
9	打开发动机舱盖并支撑牢固	
10	安装翼子板布和前格栅布	
11	插入汽车排气抽气管	不起动可不做
12	检查机油液位	
13	检查自动变速器液位	有些车型无液位尺
14	检查冷却液液位	
15	检查蓄电池端电压	
16	收起翼子板布和前格栅布并放至规定位置	
17	盖上发动机舱盖	
18	收起尾气抽气管	
19	收起三件套，丢弃到垃圾桶	
20	升起车窗，取下钥匙，锁好车门	
21	收起车轮挡块，放到规定位置	
22	5S工作	

3. 实施步骤（表 1-3-2）

表 1-3-2　车辆的基本防护和安全检查

作业内容	图　　解	技术规范
1. 将车辆停放在举升机位		技术要求 1. 汽车停在举升机位的正常举升位置 2. 车辆中心轴线应和举升机对称面在同一平面内，车辆不允许过多偏向任一侧或一端 安全警告 移动车辆时要注意检查车辆周围有无障碍物
2. 放置车轮挡块		技术要求 1. 车轮挡块可放置在任意车轮的前后 2. 车轮挡块要与轮胎外边沿平齐 3. 挡块斜面与轮胎紧密接触 4. 挡块放置要周正，不能歪斜 安全警告 挡块要拿稳，避免掉落砸伤脚部、砸坏地面
3. 打开驾驶人侧车门		技术要求 1. 按下遥控器上的开锁按钮 2. 打开车门 3. 将钥匙插入点火开关中
4. 方向盘解锁		技术要求 1. 将钥匙旋到“ON”的位置 2. 旋转钥匙的同时注意稍用力旋转方向盘 3. 确认方向盘已经解锁 安全警告 方向盘未解锁时，钥匙不能盲目旋转，否则容易被折断

续表

作业内容	图　　解	技术规范
5. 降下车窗玻璃	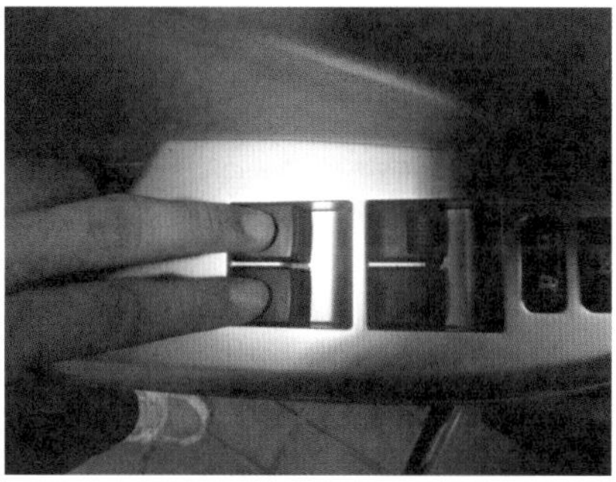	技术要求 1. 依次按住车窗玻璃按钮，降下车窗 2. 车窗降到最低位置 安全警告 车窗降到底时及时停止按动
6. 将三件套放在座椅上		技术要求 1. 将一次性的干净三件套放在座椅上 2. 座椅套在最下，方向盘套在中间，地板垫在最上面
7. 放置地板垫	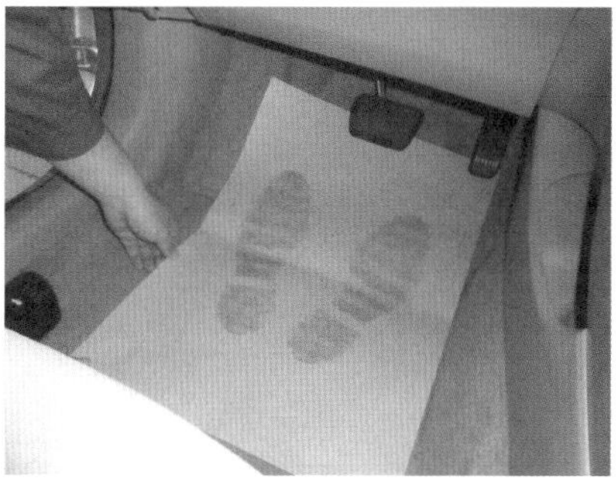	技术要求 1. 地板垫放置周正 2. 按照文字或脚印等标记方向放置 3. 地板垫保持平整
8. 安装方向盘套		技术要求 1. 站在车下安装 2. 双手操作安装方向盘套 3. 方向盘套应完全罩住方向盘

续表

作业内容	图　解	技术规范
9. 安装座椅套		技术要求 1. 将一次性座椅套展开 2. 分清上下端，往座椅套内吹口气，使薄膜分离 3. 自上而下将座椅套套在座椅靠背上 4. 将另一端套到座椅的前部 5. 用手将座椅套从前向后展平
10. 拉起发动机舱盖释放杆	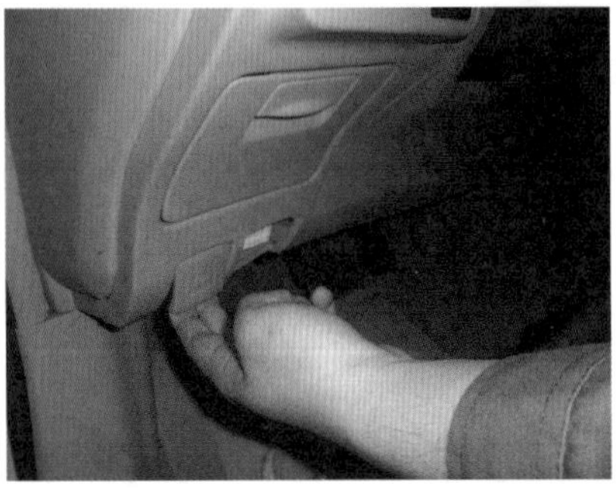	技术要求 1. 用手向外拉动发动机舱盖释放杆 2. 用力适中 3. 当听到发动机舱盖锁扣弹开的声音，停止拉动 安全警告 用力过猛，造成拉手损坏或拉线拉断
11. 打开发动机舱盖	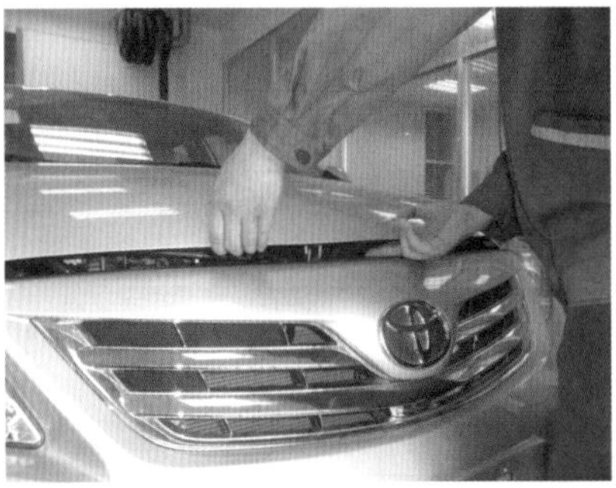	技术要求 1. 左手从发动机舱盖中间偏左侧伸入，略向上抬起，右手从发动机舱盖缝隙中间处伸入 2. 用右手向上拨动锁扣拨片，使挂钩充分脱离 3. 两手同时向上掀起发动机舱盖
12. 支撑发动机舱盖		技术要求 1. 双手向上将发动机舱盖掀到较高位置 2. 一只手支撑住发动机舱盖，另一只手拉起发动机舱盖支撑杆 3. 将发动机舱盖支撑杆可靠放入发动机舱盖上的支撑孔位 安全警告 支撑杆支撑到规定的支撑孔中，确保支撑稳固

续表

作业内容	图　　解	技 术 规 范
13. 放置翼子板布和前格栅布		技术要求 1. 翼子板布和前格栅布要有效遮挡车身部位 2. 上边缘与翼子板和前格栅上部边缘平齐 3. 用内部的磁铁牢牢吸住金属部分 4. 放置时禁止在车身上面滑动，以防擦伤涂层 5. 有标记或文字的一面朝外且朝上
14. 插入汽车排气抽气管	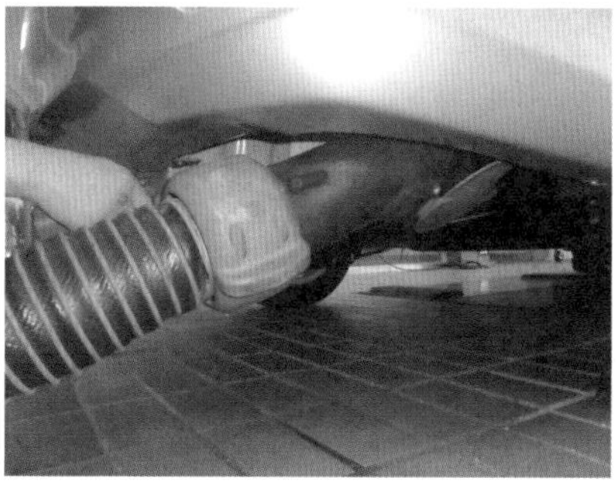	技术要求 1. 双手操作插入汽车排气抽气管 2. 排气抽气管避免扭曲 安全警告 安装时谨防排气抽气管头部卡箍划伤手指或撞击车身后部
15. 检查机油液位 ①拔出机油尺		技术要求 1. 准备好干净抹布 2. 将机油尺拔出，用抹布擦净油尺上的机油 安全警告 1. 及时擦净，谨防机油滴落到发动机上 2. 用力适中，速度较慢，谨防划伤手指 3. 完全拔出时，谨防手碰到发动机舱盖
16. 检查机油液位 ②检查液位标记	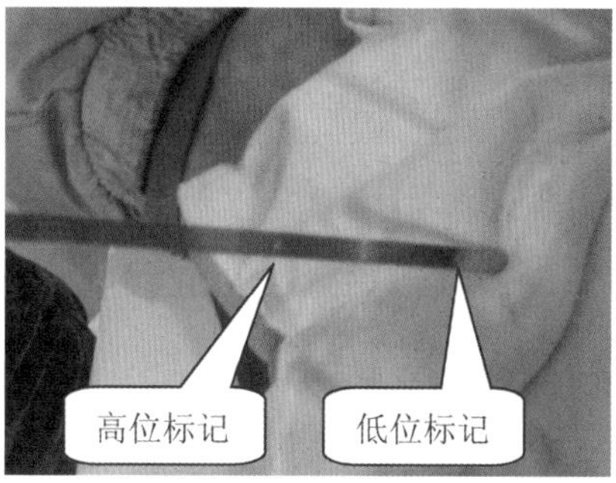	技术要求 1. 将油尺放在干净的抹布上 2. 确认最低和最高液位标记，如左图所示 3. 液位应处于最低位和最高位之间 4. 新加的机油，油位应处于中间偏上位置

续表

作业内容	图　　解	技术规范
17. 检查机油液位③机油尺复位		技术要求 1. 用另一只手握住油尺中下部导向，将油尺插入油尺管道中 2. 油尺完全插到位，停留 2～3 s
18. 检查机油液位④拔出油尺观察油位		技术要求 1. 左手拿干净的抹布置于低位，做好接油尺准备 2. 将机油尺抽出，以 45°角放在干净的抹布上 3. 身体略向前倾，观察机油尺两侧的机油痕迹 4. 以较低一侧确定油位是否正常 5. 用干净的抹布将机油尺上的机油擦拭干净
19. 检查机油液位⑤机油尺复位		技术要求 1. 用另一只手握住油尺中下部导向，将油尺插入油尺管道中 2. 油尺完全插到位
20. 检查自动变速器油位①检查液位标记	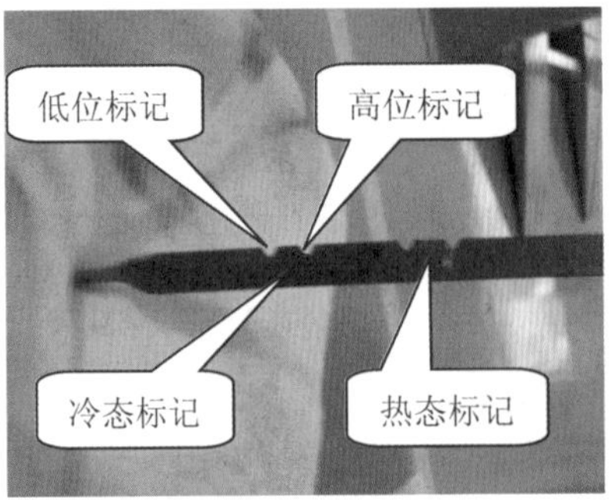	技术要求 1. 检查过程类同于机油液位检查 2. 确认热态和冷态的最低、最高液位标记，如左图所示 3. 冷态检查时液位应处于最低位和最高位之间

续表

作业内容	图　解	技术规范
21. 检查自动变速器油位②油尺复位		技术要求 1. 用另一只手握住油尺中下部导向，将油尺插入油尺管道中 2. 油尺完全插到位，弹簧卡片锁住手柄
22. 检查冷却液液位		技术要求 1. 液位高度范围参见左图(FULL 与 LOW 之间) 2. 如果冷却液位低于 LOW 标记，应补加冷却液 安全警告 禁止用手摇晃储液罐的方式检查，谨防损坏储液罐
23. 检查制动液液位		技术要求 1. 液位高度范围参见左图，标准范围是 MAX 与 MIN 之间 2. 如果低于 MIN 标记，应补加制动液 安全警告 禁止用手摇晃储液罐的方式检查，谨防损坏储液罐
24. 检查清洗液液位		技术要求 1. 打开储液罐盖子 2. 拔出液位标尺到露出液位标记的位置 3. 观察标尺，应处于正常位置，参见左图 4. 液位过低要及时补充 5. 液位尺归位，盖好液位盖

续表

作业内容	图　解	技术规范
25. 检查蓄电池端电压		技术要求 1. 充足电的端电压应为 12.45 V，最低 12 V 2. 打开蓄电池正极端子保护盖 3. 万用表调到直流电压挡，量程为 20 V 4. 红表笔接正极，黑表笔接负极，测量电压 5. 测量完毕后清洁万用表，归位 6. 盖好蓄电池正极保护盖
26. 收起翼子板布和前格栅布		技术要求 1. 依次收起翼子板布和前格栅布 2. 两手配合，从边缘处起 3. 折叠整齐，有标志的一面朝外 安全警告 收起时，禁止在翼子板表面滑动，谨防划伤车身涂层
27. 归位翼子板布和前格栅布		技术要求 1. 放到备件车规定位置 2. 摆放整齐
28. 归位发动机舱盖支撑杆		技术要求 1. 右手扶住发动机舱盖前端中部 2. 将支撑杆从支撑孔中拿出 3. 支撑杆归位时要用手指保护塑料支持架 4. 放回规定位置 安全警告 1. 右手要扶稳，防止发动机舱盖跌落 2. 归位时动作要轻，注意保护支持架

续表

作业内容	图　解	技术规范
29. 盖上发动机舱盖		技术要求 1. 双手扶住发动机舱盖慢慢放下 2. 距离前格栅上缘 10 cm 时，用两手手掌拖住 3. 手掌脱离舱盖，舱盖靠自重下降，使锁扣卡住 4. 确认舱盖已经盖好
30. 收起尾气抽排管		技术要求 1. 用双手将抽气管从排气管上脱离 2. 将排气管挂到规定挂钩上或摆在规定位置 安全警告 1. 脱离时注意抽气管卡箍，谨防划伤手指 2. 禁止用力过猛，造成重心不稳摔倒 3. 降低卷管速度，防止振动
31. 清洁排气管下方积水	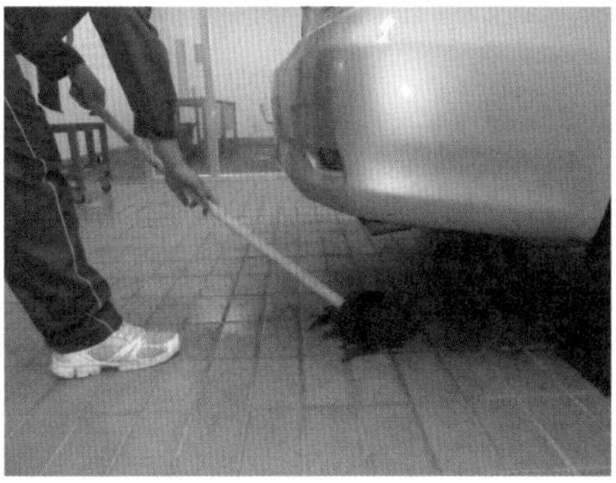	技术要求 1. 用拖把及时清洁排气管口处地面积水 2. 拖把用完后放到规定位置
32. 收起三件套		技术要求 1. 依次收起方向盘套、座椅套、地板垫 2. 将能使用的干净且完好的三件套叠放整齐，放在规定备件车中(教学中采用，低碳环保) 3. 已损坏的分类丢弃到垃圾桶

续表

作业内容	图　　解	技术规范
33. 升起车窗玻璃		技术要求 1. 升起车窗前确认无人员手扶着窗框 2. 向上提起控制开关，依次升起车窗 3. 车窗完全关闭 安全警告 确认无人员手扶着窗框，谨防夹手
34. 清洁车辆内部	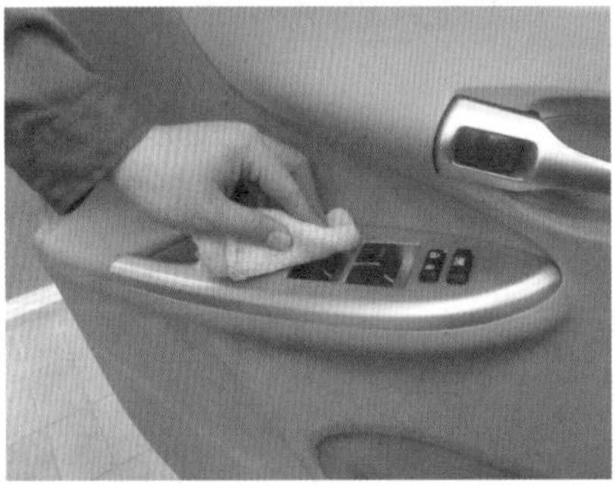	技术要求 1. 选用干净的抹布 2. 将操作中手接触的部位清洁干净
35. 取下钥匙		技术要求 1. 将钥匙逆时针旋到点火开关“OFF”挡位 2. 拔出钥匙 安全警告 一定要逆时针旋转，谨防误起动
36. 锁好车门		技术要求 1. 用不拿钥匙的手关闭车门 2. 按动遥控钥匙上的闭锁按钮锁好车门 3. 观察示宽灯是否短暂闪烁 4. 用手拉动门把手不能打开车门，确认车门已关好 5. 钥匙放到规定位置

续表

作业内容	图　解	技术规范
37. 收起车轮挡块		技术要求 1. 双手分别拿起车轮挡块 2. 放到配件车规定位置 安全警告 1. 小心，不要撞击车轮或车身，谨防碰伤手指或车辆 2. 车轮挡块要拿稳，防止跌落砸伤脚趾
38. 清洁车身		技术要求 1. 用干净的抹布 2. 清洁作业中手接触的部位 安全警告 1. 用力要适中，防止擦伤车身涂层 2. 禁止用脏污的抹布
39. 清洁地面		技术要求 1. 地面上的脏物用扫把扫净，丢到垃圾桶 2. 地面上有少量油污用抹布清洁 3. 用拖把拖净地面上的水渍
40. 整理车间		技术要求 1. 将工具、备件按规定摆放整齐 2. 将工具车、备件车等摆放至规定位置 3. 关闭用电设备开关

续表

作业内容	图　　解	技术规范
41. 填写工作表单	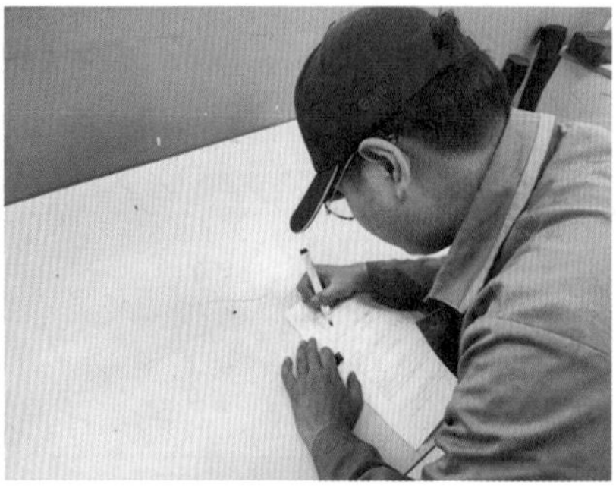	技术要求 1. 完成的项目在工作表单中确认 2. 正常的画“√”，有问题的画“×” 3. 有数据记录的记录相关数据 4. 有疑问的做好相关记录

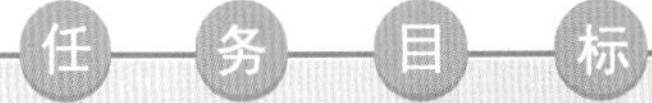

举升机的规范使用

任务目标

完成本学习任务后，你应当能：

(1)辨别举升机的类型。

(2)正确选择车辆的支撑位置。

(3)根据作业项目合理选择车辆的举升高度。

(4)和他人配合安全地进行车辆举升操作，树立生命至上理念。

建议完成本学习任务为2学时。

相关知识

一、举升机的一般类型

如图1-4-1所示，目前汽车维修企业有三种类型的举升机：板条型(包括剪式)、摆臂型和柱提升型。不同类型的举升机具有不同的升降功能、支撑柱和支撑方法。

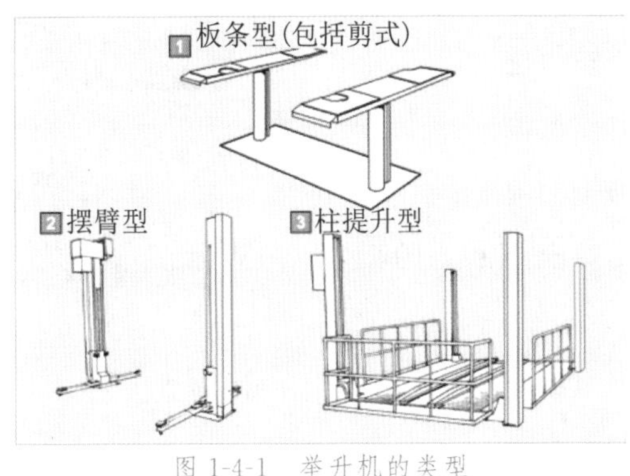

图1-4-1　举升机的类型

二、轿车举升支撑位置

如图1-4-2所示，对于摆臂型举升机，要调整支架直到车辆保持水平为止，始终要锁住臂；对于柱提升型，要使用车轮挡块和安全机构；对于板条型举升机，如果修理手册指出要使用板提升附件，应将板提升附件位置对准车辆被支撑部位，切勿让板提升附件伸出板外。

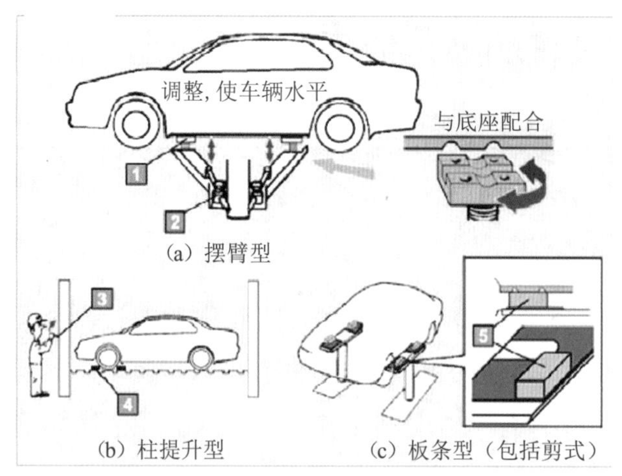

图 1-4-2　轿车举升支撑位置

1. 支架　2. 锁上机构　3. 安全机构　4. 车轮挡块　5. 举升垫块

三、 举升机的基本顶起位置

如图 1-4-3 所示，各个顶起位置上工作活动路线图的说明如下。

顶起位置 1：举升机未升起。

顶起位置 2：举升机升至低位。

顶起位置 3：举升机升至高位。

顶起位置 4：举升机升至中位。

顶起位置 5：举升机升至低位。

顶起位置 6：举升机升至中位。

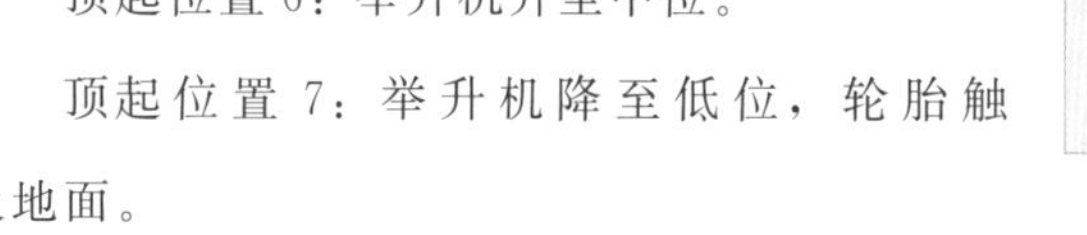

顶起位置 7：举升机降至低位，轮胎触及地面。

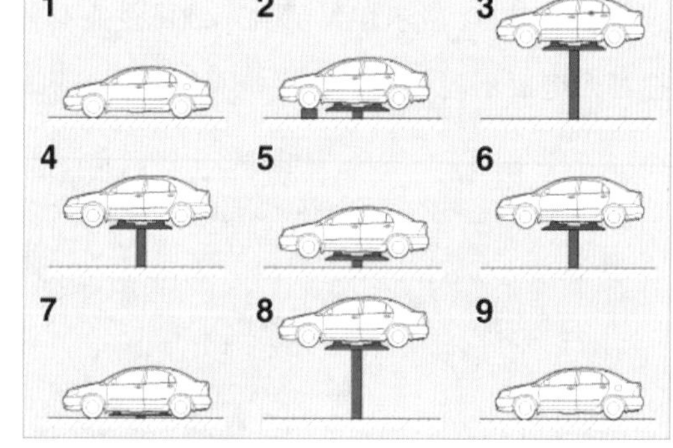

图 1-4-3　举升机的基本顶起位置

顶起位置 8：举升机升至高位。

顶起位置 9：举升机未升起。

作为一条规律，这里说明的九个顶起位置已可使技术员完成其全部操作。所以，通过减少抬升操作的次数，技术员可以完成高效的检查工作。

四、 举升机操作注意事项

如图 1-4-4 所示，操作举升机时应注意以下事项。

图 1-4-4　注意事项

(1)在抬升和降下举升机前要先进行安全检查，并向其他人发出举升机即将起动的信号。

(2)一旦轮胎稍离地，即要检查车辆支撑是否合适。

(3)将所有的行李从车上搬出并提升空车。

(4)检查一下车辆，除支撑部件外，没有其他部件在现场。

(5)切勿提升超过举升机提升极限的车辆。

(6)带有空气悬架的车辆因其结构关系需要特别处理，请参考维修手册说明。

(7)在提升车辆时切勿移动车辆。

(8)在拆除和更换大部件时要小心，因为汽车重心可能改变。

(9)提升车辆时切勿将车门打开。

(10)如果在一段时间内未完成作业，则要把车放低一些。

拓展知识

随车千斤顶的类型和使用

1. 齿条千斤顶

齿条千斤顶是最常见的随车工具。它的体积并不大，比较好存放。其缺点也很明显：不能支撑太大的质量。齿条千斤顶有两种结构，分别是人字形结构和菱形结构，如图 1-4-5 和图 1-4-6 所示。

图 1-4-5　人字形齿条千斤顶

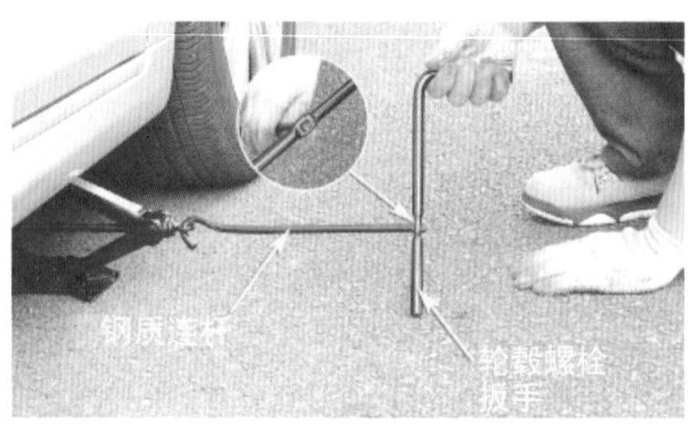

图 1-4-6　菱形齿条千斤顶

2. 螺旋千斤顶

如图 1-4-7 所示，螺旋千斤顶依靠自身的螺纹结构自锁来支撑车辆，其支撑质量比齿条千斤顶要大得多。不过，这种千斤顶的举升效率比较慢，但下降快，使用时需要注意安全。

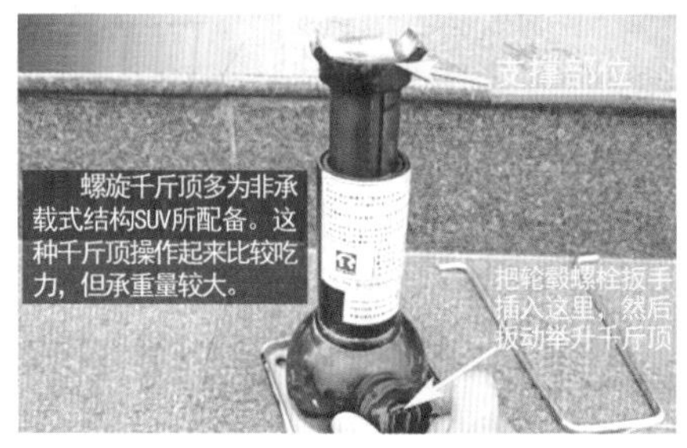

图 1-4-7　螺旋千斤顶

3. 使用千斤顶注意事项

(1)固定好车辆。

如图 1-4-8 所示，举升之前，要先将车子固定好，避免车子被举升后不稳而造成事故。要挂上挡位，拉紧驻车制动器。

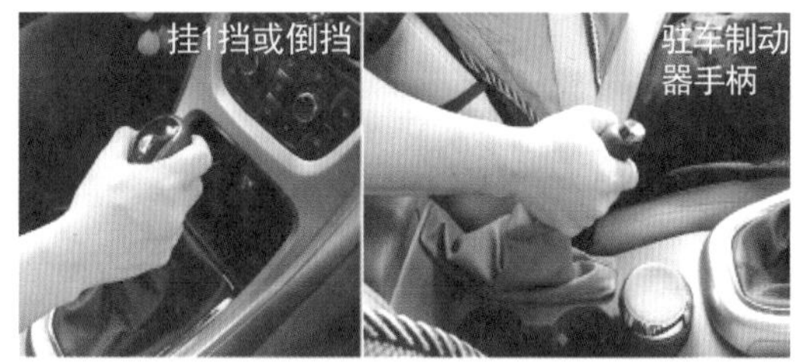

图 1-4-8　固定好车辆

(2)做好安全警示措施。

如图 1-4-9 所示，在城区道路上，警示三角牌应该放在车后 50 m 距离外，若是在高速公路上，则要放在至少 150 m 距离外。

图 1-4-9　放置警示三角牌

(3)注意固定千斤顶底部。

应该尽量选择适合千斤顶固定的地面进行操作。假如车子处于松软的地面，可以在千斤顶下面垫上面积大且坚硬的支撑物，比如木板、地砖等，如图 1-4-10 所示。

图 1-4-10 固定千斤顶底部

(4)留意千斤顶的最大承重。

如图 1-4-11 所示，使用千斤顶之前，必须了解清楚这个千斤顶的最大承重以及千斤顶的工作极限。最保险的做法，就是让千斤顶“专车专用”。

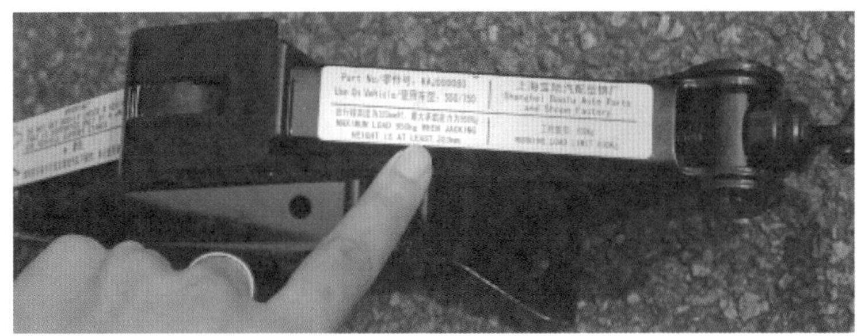

图 1-4-11 最大承重标签

(5)对准车辆底盘支撑点。

如图 1-4-12 所示，千斤顶的托举部位必须支撑在底盘支撑点上，否则很难固定车辆，也容易对千斤顶造成损坏，甚至损坏底盘。

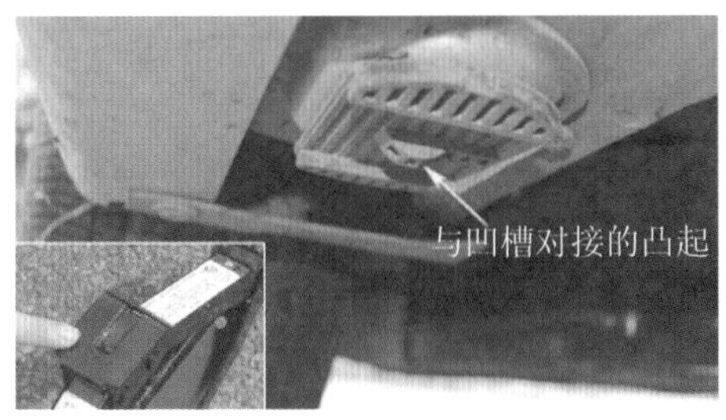

图 1-4-12 千斤顶支撑点

（6）在车底放个备胎更安全。

换备胎前，不妨将备胎放在车底，万一千斤顶损坏或倾斜，车子掉下来还能有个备胎垫着，如图 1-4-13 所示。

图 1-4-13　车底放个备胎

（7）举升操作要稳要慢。

随车配备的千斤顶的强度一般仅够支撑车辆本身。如果进行举升操作时用力过急过猛，那么千斤顶很容易就会被弄至变形报废无法使用。

任务实施

1. 任务准备

（1）工作场景：理实一体化教室。

（2）主要设备：举升机、教学车辆、尾气抽排装置、成套组合工具车、多层零件车、轮胎架、工作台、垃圾桶、机油回收机、多媒体设备等。

（3）辅助材料：翼子板布、前格栅布、三件套、抹布、手套。

2. 任务表单（表 1-4-1）

表 1-4-1　任务表单

序号	作业内容	备注
1	检查车辆在举升机位上停放是否周正	
2	在两个后轮前后正确放置车轮挡块	
3	安装三件套，拉紧驻车制动器手柄	
4	取出行李舱中大件行李	
5	正确安装举升机支撑垫块	
6	可以二人配合，观察无障碍物后，发出举升指令	
7	检查垫块支撑位置是否正确，支撑是否牢固	
8	检查车辆支撑是否牢固	
9	去除车轮挡块并放在规定位置	
10	举升车辆至工作位置	
11	确认举升机锁止机构安全锁止，断开电源	
12	可以二人配合，观察无障碍物后，发出下降指令	

续表

序号	作业内容	备注
13	将车辆安全降至举升位置	
14	关闭举升机电源	
15	安装车轮挡块	
16	取出举升机支撑垫块并放至规定位置	
17	将大件行李放回至行李舱中	
18	收起三件套，丢弃到垃圾桶	
19	取下钥匙，锁好车门	
20	收起车轮挡块，放到规定位置	
21	5S 工作	

3. 实施步骤（表 1-4-2）

表 1-4-2　举升机升降操作

作业内容	图　解	技术规范
1. 车辆的基本防护		技术要求 1. 车辆位于举升机位的正常举升初始位置 2. 安装车轮挡块 3. 拉紧驻车制动器手柄 4. 安装三件套
2. 取出大件行李		技术要求 1. 拉起行李舱解锁开关 2. 打开行李舱 3. 将行李舱中大件行李取出，妥善放置 4. 关闭行李舱门

续表

作业内容	图　解	技术规范
3. 安装举升机支撑垫块		技术要求 1. 每侧两个支撑垫块 2. 支撑垫块位置应对准车辆被支撑部位 3. 可根据实际情况将垫块横置或纵置于举升机平台上 4. 确保油箱、护板等零部件不被挤压
4. 发出举升机准备举升的信号		技术要求 1. 同学甲站在举升机操作台前，先确认车辆前部和左侧无障碍物 2. 面向同学乙大声喊出“请注意，举升机准备上升” 安全警告 在未听到回应之前不得举升，防止发生危险
5. 发出举升机可以举升信号		技术要求 1. 同学乙环顾车辆周围，仔细检查，确认没有影响举升安全的物体或人 2. 目视举升者（同学甲）大声喊出：“车辆周围无障碍物，可以举升”
6. 操纵举升机，垫块即将接触支撑位置		技术要求 1. 将电路、气路开关闭合 2. 按住控制台上的“上升”按钮，举升机上升至挡块即将接触支撑位置，松开“上升”按钮

续表

作业内容	图　解	技术规范
7. 再次检查举升机支撑垫块安装情况	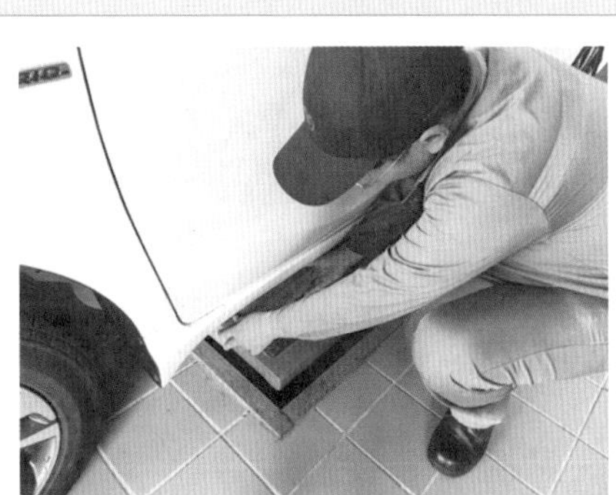	技术要求 1. 蹲下，仔细确认支撑垫块是否对准车辆被支撑部位 2. 支撑垫块不允许歪斜 3. 位置不正确或歪斜时要重新调整 安全警告 支撑垫块位置不正确会存在安全隐患
8. 举升车辆至车轮离开地面 5 cm		技术要求 1. 重复作业内容 4、作业内容 5，正确呼应后举升车辆 2. 使车轮离开地面 5 cm，松开“上升”按钮 安全警告 1. 必须再次大声提醒，才能继续举升 2. 车轮离开地面过高，会有安全隐患
9. 检查车辆支撑牢固情况		技术要求 甲乙分别在前后保险杠或翼子板处采用下压方式检查车辆支撑是否牢靠 安全警告 1. 不允许按压发动机舱盖等易变形处 2. 按压时力量要适中
10. 取出车轮挡块		技术要求 将车轮挡块取出，放在规定位置 安全警告 要及时取出车轮挡块，并放在规定位置，防止工作时发生安全隐患

续表

作业内容	图　　解	技术规范
11. 举升车辆至工作位置		技术要求 1. 重复作业内容 4、作业内容 5，正确呼应后举升车辆 2. 正确举升车辆至合适的工作位置 3. 举升的过程中，操作人员要密切注意举升机周围和被举升车辆本身的情况，防止安全隐患 安全警告 举升过程中，不允许在车辆周围或下部进行任何其他作业
12. 举升机安全锁止	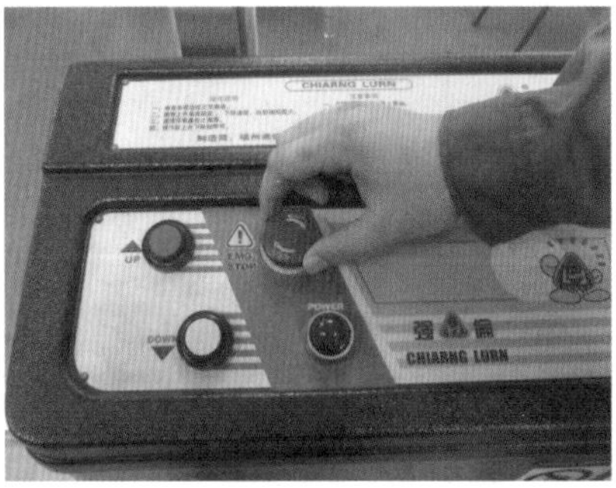	技术要求 1. 按下举升机控制柜上的“锁定”按钮 2. 确认锁止机构已经锁止可靠 3. 发出“举升机锁止安全，可以作业”的指令，然后开始相应作业项目的作业 安全警告 确认安全锁止后才能作业
13. 发出准备降下举升机信号		技术要求 1. 同学甲站在举升机操作台前，先确认车辆前部和左侧无障碍物 2. 面向同学乙大声喊出“请注意，举升机准备下降”
14. 发出举升机可以下降信号		技术要求 1. 同学乙环顾车辆周围，仔细检查，确认没有影响下降安全的物体或人 2. 目视举升者（同学甲）大声喊出：“车辆周围无障碍物，可以下降”

续表

作业内容	图解	技术规范
15. 将车辆完全降下		技术要求 1. 先短暂按下举升机控制柜上的“上升”按钮，使锁止机构解锁 2. 再按住“下降”按钮，将车辆降到适宜的工作位置或完全降下 3. 如果是作业完毕需要将车辆完全降下，一定要使举升机板条回到最低位置，车轮完全着地 安全警告 下降过程中，不允许在车辆周围或下部进行任何其他作业
16. 安装车轮挡块		技术要求 1. 车轮挡块可放置在任意车轮的前后 2. 车轮挡块要与轮胎外边沿平齐 3. 挡块斜面与轮胎紧密接触 4. 挡块放置要周正，不能歪斜
17. 取出举升机支撑垫块		技术要求 1. 取出支撑垫块 2. 放到备件车规定位置
18. 将大件行李放回行李舱		技术要求 1. 拉起行李舱解锁开关 2. 打开行李舱 3. 将大件行李妥善放置在行李舱中 4. 关闭行李舱门

续表

作业内容	图　解	技术规范
19. 清洁地面		技术要求 1. 收起三件套，按规定要求丢弃到垃圾桶中 2. 清洁车辆、工具、设备及地面 3. 收起车轮挡块，并放到配件车规定位置
20. 填写工作表单		技术要求 1. 完成的项目在工作表单中确认 2. 正常的打“√”，有问题的打“×” 3. 有数据记录的记录相关数据 4. 有疑问的做好相关记录

工匠精神

1. 敬业。敬业是从业者基于对职业的敬畏和热爱而产生的一种全身心投入的认认真真、尽职尽责的职业精神状态。中华民族历来有“敬业乐群”“忠于职守”的传统，敬业是中国人的传统美德，也是当今社会主义核心价值观的基本要求之一。早在春秋时期，孔子就主张人在一生中始终要“执事敬”“事思敬”“修己以敬”。“执事敬”，是指行事要严肃认真不怠慢；“事思敬”，是指临事要专心致志不懈怠；“修己以敬”，是指加强自身修养保持恭敬谦逊的态度。

汽车的日常维护

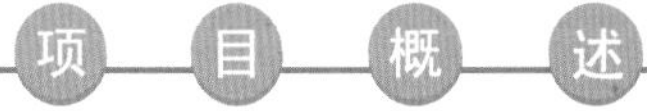

项目概述

汽车日常维护是以清洁、补给和安全性能检视为中心内容的维护作业，是各级维护的基础，是驾驶人在每次出车前、行车中和收车后，针对车辆使用情况所做的一系列预防性质的维护作业。做好日常维护，是坚持可持续发展、节约优先、保护优先的绿色生产生活方式的具体体现。

本项目包含了7个基本学习任务：任务1，车身外观及附属设施的检查与维护；任务2，车身功能部件的检查与维护；任务3，汽车工作液的检查与维护；任务4，制动装置的检查与维护；任务5，风窗玻璃喷水器、刮水器的检查与维护；任务6，照明、信号指示装置及仪表的检查与维护；任务7，空调系统的功能检查。

通过本项目的学习，你要在知识、技能、行为习惯、职业素养等方面达到以下相关要求。

序号	学习内容（知识、技能、行为习惯、职业素养）	评价标准			
		了解知道	理解掌握	指导下操作	独立操作
1	汽车日常维护的内容及重要性	√			
2	车身外观及附属设施的检查与维护				√
3	车身功能部件的检查与维护				√
4	汽车工作液的种类		√		
5	汽车工作液的检查与补充			√	
6	制动装置的检查与维护			√	
7	风窗玻璃喷水器、刮水器的检查与维护				√
8	照明、信号指示装置及仪表的检查与维护			√	
9	空调系统的功能检查			√	

MISSION 任务1 车身外观及附属设施的检查与维护

任务目标

完成本学习任务后，你应当能：

(1)检查、清洁车身。

(2)检查及正确调整后视镜。

(3)检查灭火器等随车安全设备及工具。

(4)检查轮胎的外观、气压及螺栓。

(5)树立服务人民、生命至上理念。

建议完成本学习任务为4学时。

相关知识

一、汽车车身外观及附属设施检查的重要性

汽车车身外观及附属设施检查是驾驶人进行日常维护的一项重要内容，一般在出车之前进行检查。也是汽车维护业务员进行接车检查的一项重要工作。认真进行车身外观检查，具有非常重要的意义。

(1)可以及时发现问题，视情进行维护，延长汽车使用寿命，确保行车安全。

(2)发现问题及时向客户汇报，并提出维修建议，可提高客户满意度，避免出现维修纠纷。

(3)减少了维修技术人员不必要的检查时间，提高工作效率。

二、汽车车身外观及附属设施的检查内容

1. 检查车身漆面是否刮伤

如图2-1-1所示，若有刮伤、划痕应及时修复，否则长途行驶中的灰尘、酸雨等将加速汽车漆面伤口的损坏。如果要去沙漠或风沙比较大的地方，这些地方日照一般也比较强，建议出行之前给车打蜡，以保护车漆。

2. 检查车身有无严重撞击变形

如图2-1-2所示，车身严重撞击变形不仅影响汽车整体美观，也会造成车身一些功能部件

不能很好工作，如车门不易打开，还会造成汽车整体风阻系数改变，致使行车过程中存在安全隐患。

图 2-1-1　检查车身漆面是否刮伤

图 2-1-2　检查车身有无严重撞击变形

3. 检查车身有无倾斜

如图 2-1-3 所示，车身倾斜可能体现为车身左右高度不一致或前后高度发生异常，车身倾斜会使行车过程中出现跑偏现象，存在安全隐患。车身倾斜一般与轮胎尺寸及胎压、悬架变形、车身变形等因素有关。

4. 检查保险杠是否损伤

如图 2-1-4 所示，保险杠作为汽车主要的被动安全装置之一，其重要性可想而知，因此应确保保险杠无明显变形、损坏，否则应到维修厂修复。

图 2-1-3　检查车身有无倾斜

图 2-1-4　检查保险杠是否损伤

5. 检查各后视镜是否完好

如图 2-1-5 所示，后视镜是保障行车安全的重要部件，因此要确保后视镜完好。

6. 检查风窗玻璃是否有裂纹

如图 2-1-6 所示，细小的裂纹有可能在颠簸的路面上扩大甚至导致整块风窗玻璃破碎，造成重大交通事故。

图 2-1-5　检查后视镜是否完好

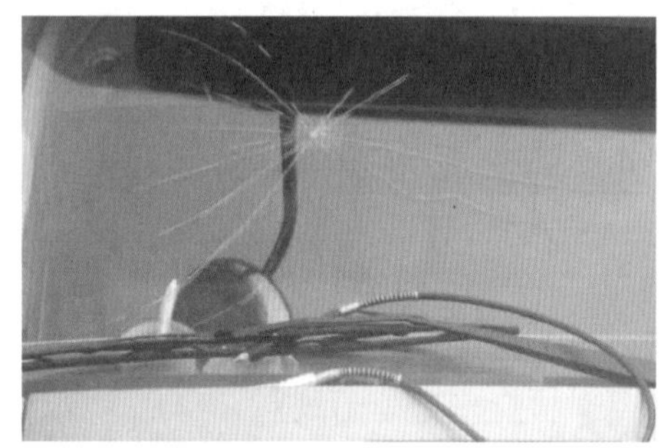

图 2-1-6　检查风窗玻璃是否有裂纹

7. 观察进风口或进风格栅处是否有杂物

如图 2-1-7 所示，如有无树叶、塑料袋及昆虫尸体等杂物缠绕，以及水箱、空调冷凝器是否布满尘土。若条件允许，可用压缩空气吹走尘物，以保证发动机进气顺畅及冷却系统的顺利散热。

8. 检查轮胎外观和气压

如图 2-1-8 所示，目视检查轮胎有无异常磨损、轮胎花纹有无达到磨损极限、同轴两侧花纹是否一致、轮胎气压是否不足或过高等。如出现异常问题，必须及时维护，确保行车安全。

图 2-1-7　检查进风口或进风格栅处是否有杂物

图 2-1-8　检查轮胎外观和气压

9. 检查车灯安装状况

如图 2-1-9 所示，汽车车灯是汽车安全行驶的重要保障，要确保车灯安装牢固，灯罩表面无划痕污垢。

10. 检查车身底部有无油液渗漏

如图 2-1-10 所示，通过检查地面有无明显水渍、油渍，判断散热器及其管路、发动机、变速器、制动系统等总成系统有无渗漏故障，如有故障，应及时检修。

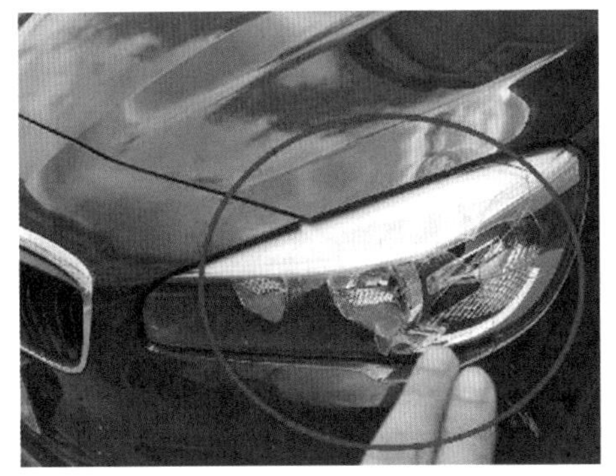

图 2-1-9 检查车灯安装状况

图 2-1-10 检查车身底部有无油液渗漏

11. 检查灭火器等随车安全设备及工具是否齐全

如图 2-1-11 所示，车载灭火器等随车安全设备可以在汽车发生火灾或者故障时，解决驾驶人的燃眉之急，减小伤害和损失。因此，驾驶人出车前应检查灭火器是否在保质期内，存放是否可靠，随车安全设备及工具是否齐全。

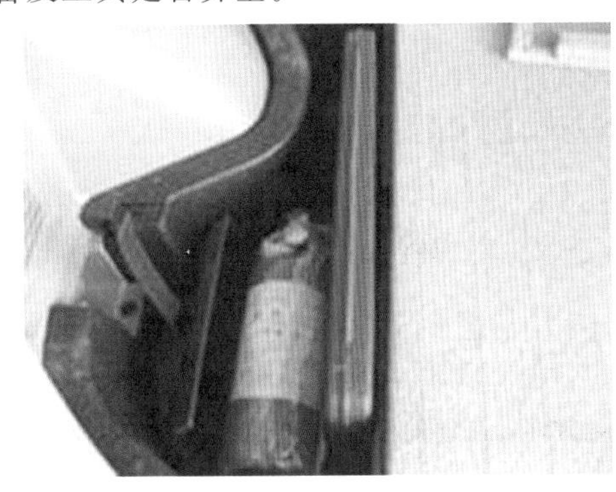

图 2-1-11 检查灭火器等随车安全设备及工具是否齐全

任务实施

1. 工作任务

车身外观及附属设施的检查与维护。

2. 任务准备

(1)工作场景：理实一体化教室。

(2)主要设备：举升机、教学车辆、尾气抽排装置、成套组合工具车、多层零件车、轮胎架、工作台、垃圾桶、机油回收机、理论教室、多媒体设备等。

(3)辅助材料：抹布、手套。

(4)配件耗材：无。

3. 实施步骤（表 2-1-1）

表 2-1-1　车身外观及附属设施的检查与维护

作业内容	图　　解	技 术 规 范
1. 车辆基本防护和安全检查		技术要求 1. 用遥控钥匙解锁，打开车门 2. 依次安装好地板垫、方向盘套和座椅套，检查挡位是否在空挡或 P 挡，拉起驻车制动器手柄 3. 安装好车轮挡块 安全警告 禁止用拿钥匙的手打开车门，以防刮伤车门
2. 检查车身漆面是否刮伤		技术要求 1. 绕车一周，仔细检查 2. 检查车身涂层有无明显脱落或褪色现象 3. 检查车身表面有无明显刮擦痕迹

续表

作业内容	图　解	技术规范
3. 检查车身有无严重撞击变形	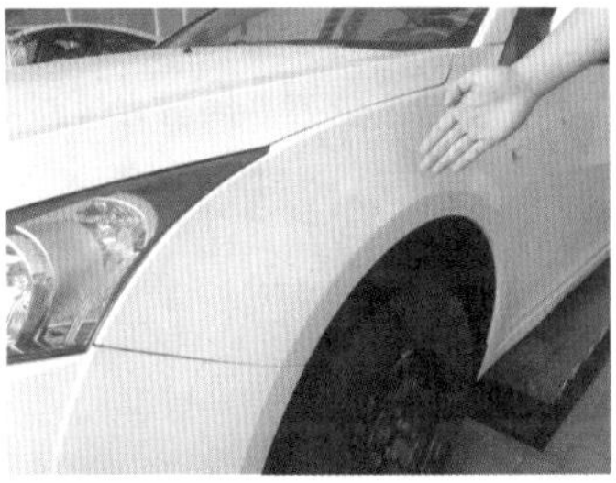	技术要求 1. 绕车一周，仔细检查(可和作业内容5同时进行) 2. 检查车身表面有无严重撞击变形
4. 检查车身有无倾斜	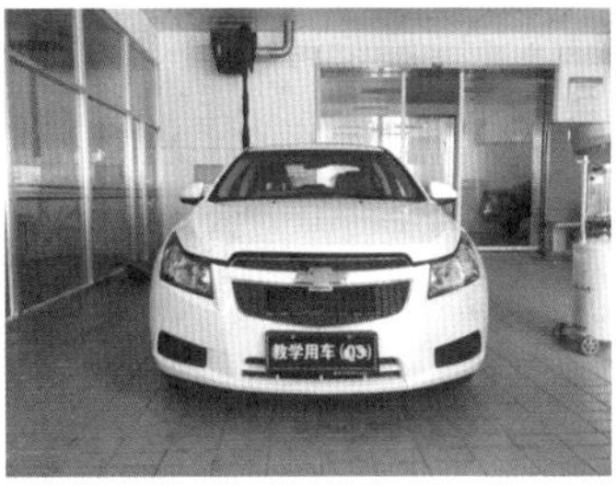	技术要求 1. 绕车一周，仔细检查(可和作业内容5同时进行) 2. 站在车身前后目视检查，看左右有无倾斜 3. 站在车身左右目视检查，看前后有无倾斜
5. 检查保险杠是否损伤		技术要求 1. 站在车辆前后检查 2. 目视检查保险杠有无损坏 3. 用双手按动检查，是否有松动现象
6. 检查各后视镜是否完好		技术要求 1. 站在车前左右侧检查(可和作业内容5同时进行) 2. 目视检查后视镜有无损坏 3. 用手按动检查，是否有松动现象

续表

作业内容	图　　解	技术规范
7. 检查风窗玻璃是否有裂纹		技术要求 1. 站在车前部或后部检查(可和作业内容 5 同时进行) 2. 目视检查前后风窗玻璃有无裂纹或其他损坏
8. 检查进风口或进风格栅处是否有杂物		技术要求 1. 站在车前部检查(可和作业内容 5 同时进行) 2. 目视检查进风口或进风格栅处是否有杂物
9. 检查车灯安装状况		技术要求 1. 站在车前后部检查(可和作业内容 5 同时进行) 2. 用手按动检查各个车灯，检查安装状况 3. 目视检查各灯泡是否完好 4. 目视检查车灯反光罩是否有破损或污垢 5. 目视检查灯罩是否有划痕、破损或污垢
10. 检查轮胎外观和气压		技术要求 1. 半蹲在车轮边侧检查(可和作业内容 5 同时进行) 2. 检查轮胎有无异常磨损 3. 目视检查轮胎花纹有无超过磨损极限 4. 目视检查同轴两侧花纹是否一致 5. 目视检查轮胎气压是否过低或过高

续表

作业内容	图　　解	技术规范
11. 检查车身底部有无油液渗漏		技术要求 1. 半蹲方式检查车辆底部(可和作业内容5同时进行) 2. 检查发动机舱下部地面有无油液渗漏 3. 检查车辆中部地面有无油液渗漏 4. 检查车辆后部地面有无油液渗漏
12. 检查灭火器等随车安全设备及工具是否齐全	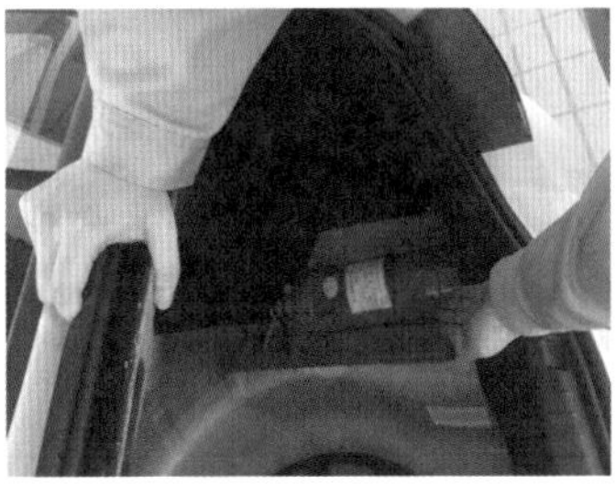	技术要求 1. 站在车辆尾部，打开行李舱门 2. 检查车载灭火器和随车工具是否齐全，安放是否可靠
13. 5S工作		技术要求 1. 依次收起方向盘套、座椅套、地板垫 2. 将能使用的干净且完好的三件套叠放整齐，放在规定备件车中(教学中采用，低碳环保) 3. 已损坏的分类丢弃到垃圾桶中 4. 清洁车身与工具车

MISSION 任务2 车身功能部件的检查与维护

任务目标

完成本学习任务后，你应当能：

(1)检查座椅的安装状况和调节功能。

(2)检查安全带的安装状况和功能效果。

(3)检查车门、车窗的安装状况和功能效果。

(4)检查发动机舱盖、行李舱盖的安装状况和闭锁功能。

(5)检查扬声器的功能。

(6)检查转向盘的调节和锁止功能。

建议完成本学习任务为4学时。

相关知识

一、汽车车身功能部件检查的重要性

汽车车身功能部件检查是汽车维护技术人员进行汽车维护作业的基本工作项目。汽车车身功能部件良好是维持汽车正常运行状态和安全驾驶的重要保障，是提高客户满意度的重要前提。

二、汽车车身功能部件的检查内容

1. 检查汽车座椅（图2-2-1）

(1)座椅螺栓、螺母有无松动，如有则紧固。

(2)座椅位置调整是否自如，如有问题需维护。

(3)座椅有无损坏，如有需维护。

2. 检查安全带（图2-2-2）

(1)安全带螺栓、螺母有无松动，如有则紧固。

(2)安全带工作是否正常，如有问题需维护。

(3)安全带有无损坏，如有需更换。

图 2-2-1 汽车座椅

图 2-2-2 安全带

3. 检查车门（图 2-2-3）

(1)车门铰链螺栓、螺母有无松动，如有则紧固。

(2)车门铰链定期润滑。

(3)车门上锁和解锁是否自如，如有问题需维护。

4. 检查车窗(图 2-2-4)

(1)车窗玻璃有无损坏，如有需更换。

(2)车窗玻璃升降是否自如，如有问题需维护。

图 2-2-3 车门

图 2-2-4 车窗

5. 检查发动机舱盖(图 2-2-5)

(1)发动机舱盖铰链螺栓、螺母有无松动，如有则紧固。

(2)发动机舱盖锁止机构工作是否正常，如有问题需维护。

6. 检查行李舱门(图 2-2-6)

(1)行李舱门铰链螺栓、螺母有无松动，如有则紧固。

(2)行李舱锁止机构工作是否正常，如有问题需维护。

图 2-2-5　发动机舱盖

图 2-2-6　行李舱门

7. 检查转向盘（图 2-2-7）

(1)转向盘锁止机构工作是否正常，如有问题需维护。

(2)转向盘位置调整是否自如，如有问题需维护。

8. 检查扬声器(图 2-2-8)

(1)在任意位置按下扬声器，检查扬声器是否正常，如有问题需维护。

(2)一边旋转方向盘，一边按下扬声器，检查扬声器是否正常，如有问题需维护。

图 2-2-7　转向盘

图 2-2-8　扬声器

任务实施

1. 工作任务

车身功能部件的检查与维护。

2. 任务准备

(1)工作场景：理实一体化教室。

(2)主要设备：举升机、教学车辆、尾气抽排装置、成套组合工具车、多层零件车、轮胎架、工作台、垃圾桶、机油回收机、多媒体设备等。

(3)辅助材料：三件套、抹布、手套。

(4)配件准备：车门铰链专用润滑油。

3. 实施步骤（表 2-2-1）

表 2-2-1　车身功能部件的检查与维护

作业内容	图　　解	技 术 规 范
1. 车辆基本防护和安全检查		**技术要求** 1. 用遥控钥匙解锁，打开车门 2. 依次安装好地板垫、方向盘套和座椅套，检查挡位是否在空挡或 P 挡，拉起驻车制动器手柄 3. 安装好车轮挡块 **安全警告** 禁止用拿钥匙的手打开车门，以防刮伤车门
2. 检查座椅螺栓、螺母是否松动		**技术要求** 1. 从驾驶人座椅开始检查，依次检查后排乘员座椅、前排乘员侧座椅 2. 通过搬动座椅检查，感觉是否有松动现象 3. 如有松动用梅花扳手紧固

续表

作业内容	图　解	技术规范
3. 检查座椅调整功能		技术要求 1. 从驾驶人座椅开始检查，依次检查后排乘员座椅、前排乘员侧座椅 2. 先分别进行解锁，按照座椅前后移动、高度调整、靠背角度调整的顺序进行检查 3. 检查结束后将座椅恢复到原来的位置
4. 检查安全带锁止功能		技术要求 1. 从驾驶人座椅安全带开始检查，依次检查后排乘员座椅、前排乘员侧座椅的安全带 2. 慢拉安全带伸缩应自如，快拉应能锁止 3. 锁舌插入和拔出功能正常
5. 检查安全带螺栓、螺母是否松动		技术要求 1. 在安全带结合状态检查 2. 分别在两端用抻拉方式检查 3. 如有松动，用梅花扳手紧固
6. 检查车门螺栓、螺母是否松动	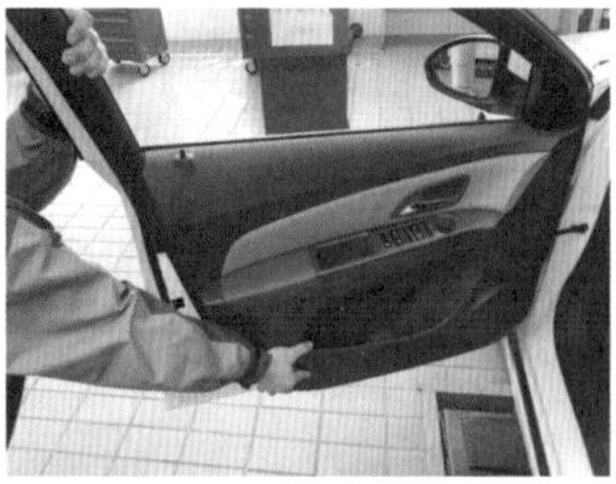	技术要求 1. 从驾驶人侧车门开始检查，依次检查左后车门、右后车门、前排乘员侧车门 2. 通过上下及左右搬动车门的方式检查，判断是否有松动现象 3. 如有松动，用梅花扳手紧固 4. 检查铰链是否缺油，如缺，用专用润滑剂润滑

续表

作业内容	图　解	技术规范
7. 检查车门上锁和开锁		技术要求 1. 驾驶人侧车门先检查中控锁功能是否正常，再用钥匙检查遥控上锁和开锁功能是否正常。锁止，所有车门都不能打开，解锁都能打开 2. 左后和右后车门还要检查儿童锁功能是否正常。上锁，在里面不能打开车门，只能从外面打开
8. 检查车窗	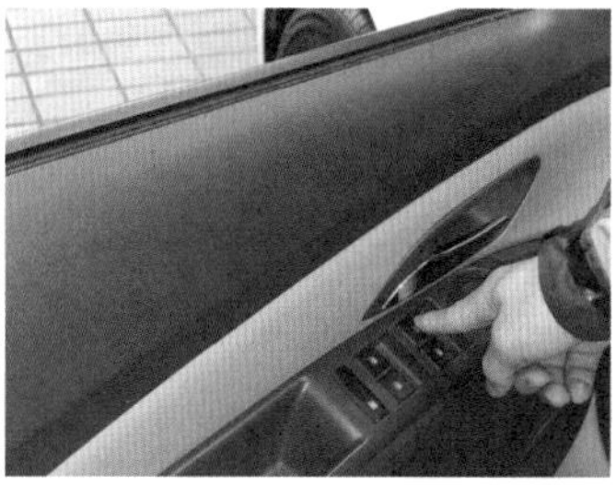	技术要求 1. 点火开关旋至 ON，从驾驶人侧车门开始检查，依次检查左后车门、右后车门、前排乘员侧车门 2. 驾驶人侧车门先检查主控开关功能是否正常，分别按下和提起，车窗能下降和上升 3. 再检查左后、右后及前排乘员侧车门车窗控制开关功能是否正常 4. 各车窗恢复到关闭位置
9. 检查行李舱门解锁和锁止		技术要求 1. 拉起行李舱门控制开关，行李舱门应弹起 2. 盖上行李舱门，锁止机构能可靠锁止
10. 检查行李舱门螺栓、螺母是否松动	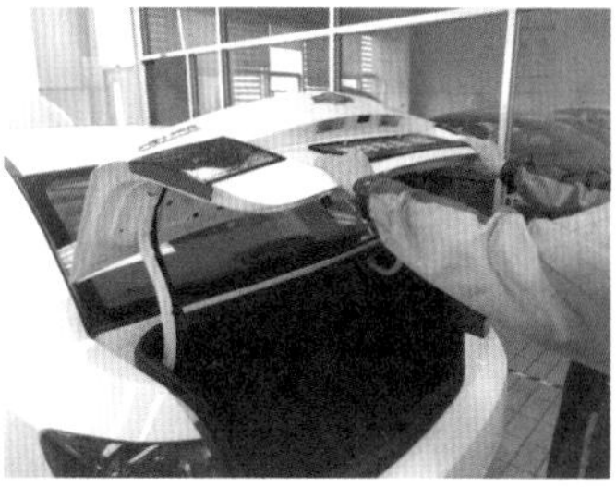	技术要求 1. 用双手搬动行李舱门，上下左右小幅度摇摆，判断螺栓、螺母有无松动，如有，用梅花扳手紧固 2. 用专用润滑剂润滑行李舱门铰链

续表

作业内容	图　　解	技术规范
11. 检查发动机舱盖解锁和锁止		技术要求 1. 拉起发动机舱盖释放杆，发动机舱盖应弹起 2. 盖上发动机舱盖，锁止机构能可靠锁止
12. 检查发动机舱盖螺栓、螺母是否松动		技术要求 1. 用双手搬动发动机舱盖，上下左右小幅度摇摆，判断螺栓、螺母有无松动，如有，用梅花扳手紧固 2. 用专用润滑剂润滑发动机舱盖铰链
13. 检查方向盘解锁和锁止		技术要求 1. 插上钥匙，一边转动方向盘，一边旋转钥匙到 ACC 挡位，方向盘解锁，方向盘应能自由转动 2. 拔出钥匙，几秒钟后方向盘应无法转动，处于锁住状态
14. 检查方向盘位置调整功能	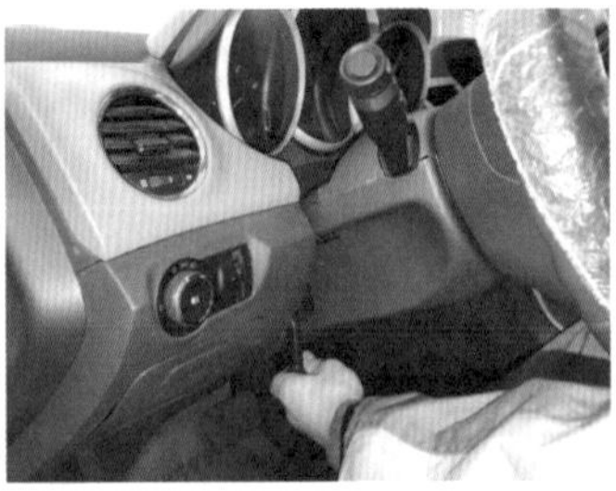	技术要求 1. 将方向盘位置调整开关往下拨动 2. 根据个人需求调整方向盘高低、前后位置

续表

作业内容	图　解	技术规范
15. 检查扬声器		技术要求 1. 打开点火开关，在3处任意位置按下扬声器，观察是否正常 2. 一边旋转方向盘，一边按下扬声器，观察是否正常
16. 5S工作		技术要求 1. 依次收起方向盘套、座椅套、地板垫 2. 将能使用的干净且完好的三件套叠放整齐，放在规定备件车中(教学中采用，低碳环保) 3. 已损坏的分类丢弃到垃圾桶中 4. 清洁车身与工具车

任务3 汽车工作液的检查与维护

完成本学习任务后，你应当能：

(1)检查发动机机油液位，补充发动机机油。

(2)检查冷却液液位，补充冷却液。

(3)检查制动液液位，补充制动液。

(4)检查玻璃清洗液液位，补充玻璃清洗液。

(5)检查自动变速器液位。

建议完成本学习任务为4学时。

相关知识

一、汽车工作液检查的目的

确定在每次出车前检查过程中是否存有起动发动机、冷却发动机、自动变速器挂挡、开动刮水器及踩下制动等所需的汽车工作液量，保证汽车安全可靠地行驶。

二、汽车工作液检查的内容

如图2-3-1所示，注意以下事项。

(1)发动机机油：用油尺检查发动机机油液位，应在上下刻度线之间。

(2)冷却液：确认散热器储液罐内有冷却液，应在MIN与MAX之间。

(3)制动液：检查制动总泵的储液箱内有制动液，应在MIN与MAX之间。

(4)玻璃清洗液：用液位尺来检查清洗液储液罐的液位，确保有洗涤液。

(5)自动变速器液位：如是自动挡车辆，用自动变速器油尺来检查油液液位，确保正常

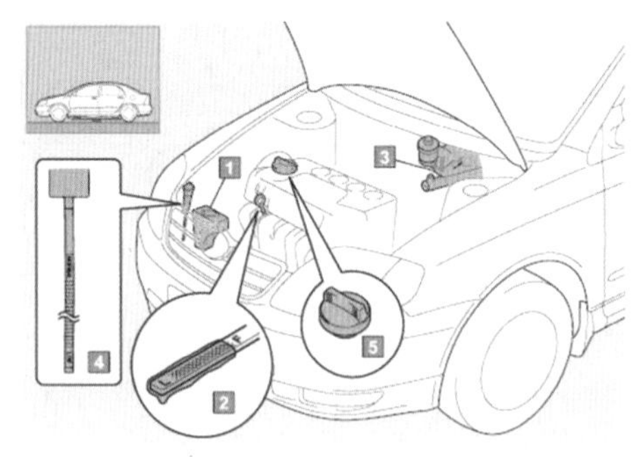

图2-3-1 汽车工作液检查

1. 散热器储液罐 2. 机油油尺 3. 制动总泵储液罐 4. 洗涤器液位尺 5. 机油加注口盖

液位；如是手动挡，则不需检查。

任务实施

1. 工作任务

汽车工作液的检查与维护。

2. 任务准备

(1)工作场景：理实一体化教室。

(2)主要设备：举升机、教学车辆、尾气抽排装置、成套组合工具车、多层零件车、轮胎架、工作台、垃圾桶、多媒体设备等。

(3)辅助材料：翼子板布、前格栅布、三件套、抹布、手套。

(4)配件准备：机油、自动变速器油液、冷却液、制动液、玻璃清洗液。

3. 实施步骤(表2-3-1)

表2-3-1　汽车工作液的检查与维护

作业内容	图　解	技术规范
1. 车辆基本防护和安全检查		技术要求 1. 用遥控钥匙解锁，打开车门 2. 依次安装好地板垫、方向盘套和座椅套，检查挡位是否在空挡或P挡，拉起驻车制动手柄 3. 依次安装好前格栅布和翼子板布 4. 安装好车轮挡块 安全警告 禁止用拿钥匙的手打开车门，以防刮伤车门
2. 检查机油液位①拔出机油尺		技术要求 1. 准备好干净抹布 2. 将机油尺拔出的同时用抹布擦净油尺上的机油

续表

作业内容	图　解	技术规范
3. 检查机油液位②检查液位标记	高位标记 低位标记	技术要求 1. 将油尺放在干净的抹布上 2. 确认最低和最高液位标记，如左图所示 3. 液位应处于最低位和最高位之间 4. 新加的机油，油位应处于中间偏上位置
4. 检查机油液位③机油尺复位		技术要求 1. 用另一只手握住油尺中下部导向，将油尺插入油尺管道中 2. 油尺完全插到位，停留 2～3 s
5. 检查机油液位④拔出油尺观察油位		技术要求 1. 左手拿干净的抹布置于低位，做好接油尺准备 2. 将机油尺抽出，以 45°角放在干净的抹布上 3. 身体略向前倾，观察机油尺两侧的机油痕迹 4. 以较低一侧确定油位是否正常 5. 用干净的抹布将机油尺上的机油擦拭干净
6. 检查机油液位⑤机油尺复位		技术要求 1. 用另一只手握住油尺中下部导向，将油尺插入油尺管道中 2. 油尺完全插到位

续表

作业内容	图　解	技术规范
7. 检查自动变速器油位①检查液位标记	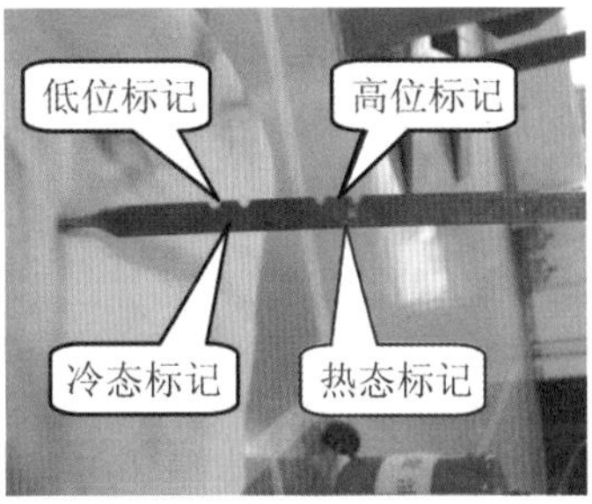	技术要求 1. 检查方法类同于机油液位检查，故不赘述 2. 确认热态和冷态的最低、最高液位标记，如左图所示 3. 冷态检查时液位应处于最低位和最高位之间
8. 检查自动变速器油位②油尺复位		技术要求 1. 用另一只手握住油尺中下部导向，将油尺插入油尺管道中 2. 油尺完全插到位，弹簧卡片锁住手柄
9. 检查冷却液液位	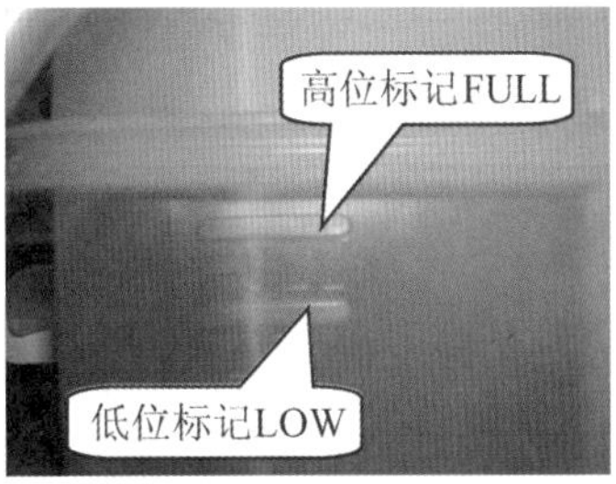	技术要求 1. 液位高度范围参见左图(FULL 与 LOW 之间) 2. 如果冷却液位低于 LOW 标记，应补加冷却液 安全警告 禁止在热车后打开散热器盖，以免烫伤
10. 检查制动液液位		技术要求 1. 液位高度范围参见左图，标准范围是 MAX 与 MIN 之间 2. 如果冷却液位低于 MIN 标记，应补加冷却液

续表

作业内容	图　解	技术规范
11. 检查清洗液液位		技术要求 1. 打开储液罐盖子 2. 拔出液位标尺到露出液位标记的位置 3. 观察标尺，应处于正常位置，参见左图 4. 液位过低要及时补充 5. 液位尺归位，盖好液位盖
12. 5S工作		技术要求 1. 依次收起方向盘套、座椅套、地板垫 2. 将能使用的干净且完好的三件套叠放整齐，放在规定备件车中(教学中采用，低碳环保) 3. 已损坏的分类丢弃到垃圾桶中 4. 整理好翼子板布和前格栅布，放好挡块 5. 清洁车身与工具车

MISSION 任务 4 制动装置的检查与维护

任务目标

完成本学习任务后，你应当能：

(1)检查驻车制动器功能。

(2)检查制动踏板的安装状况。

(3)检查制动真空助力器功能。

(4)检查行车制动器功能。

建议完成本学习任务为 4 学时。

相关知识

一、制动装置检查的重要性

汽车制动装置是指为了在技术上保证汽车的安全行驶，提高汽车的平均速度等，而在汽车上安装的专门的制动机构。制动性能良好的汽车，要求在任何速度下行驶时，通过制动措施，能在很短的时间和距离内，及时迅速地降低车速或停车。因此，对于驾驶人来说，为了保证车辆行驶安全，在每次出车前进行制动装置检查和维护是非常必要的。

二、制动装置检查的内容

以科鲁兹 1.6 轿车为例，制动装置检查项目及方法如下。

(1)制动踏板的应用状况(响应性)：稍踩踏板，高位指示灯点亮。

(2)制动踏板的应用状况(完全踩下)：踏板不能完全踩到底，越踩越有力。

(3)制动踏板的应用状况(异常噪声)：踩踏板数次，有无异常噪声。

(4)制动踏板的应用状况(过度松动)：踩踏板数次，有无过度松动。

(5)检查助力器工作情况：发动机熄火后，连续踩制动踏板，使踏板变硬且处于最高位置，踩住踏板后起动发动机，踏板应自动下沉。

(6)检查助力器真空功能：熄火后踏板高度无变化，数次踩下，高度逐次增加，无下沉。

(7)检查驻车制动手柄行程：驻车制动手柄行程在预定的槽数内，如科鲁兹要求在6～9槽(拉动时可以听到“咔嗒”声)。如果是电子驻车，则无须检查。

(8)检查驻车指示灯的工作情况：在点火开关位于ON时，检查以确保当操作驻车制动手柄时，在拉动手柄到达第一个槽口前，指示灯点亮，释放时，指示灯熄灭。

任务实施

1. 工作任务

制动装置的检查与维护。

2. 任务准备

(1)工作场景：理实一体化教室。

(2)主要设备：举升机、教学车辆、尾气抽排装置、成套组合工具车、多层零件车、轮胎架、工作台、垃圾桶、多媒体设备等。

(3)辅助材料：翼子板布、前格栅布、三件套、抹布、手套。

(4)配件准备：无。

3. 实施步骤（表2-4-1）

表2-4-1 制动装置的检查与维护

作业内容	图解	技术规范
1. 车辆基本防护和安全检查		**技术要求** 1. 用遥控钥匙解锁，打开车门 2. 依次安装好地板垫、方向盘套和座椅套，检查挡位是否在空挡或P挡，拉起驻车制动手柄 3. 依次安装好前格栅布和翼子板布 4. 安装好车轮挡块 5. 检查汽车工作液 **安全警告** 禁止用拿钥匙的手打开车门，以防刮伤车门

续表

作业内容	图　　解	技术规范
2. 插入汽车排气抽气管		技术要求 1. 双手操作插入汽车排气抽气管 2. 排气抽气管避免扭曲 3. 抽排装置风机开动
3. 检查制动踏板应用状况		技术要求 1. 起动发动机 2. 稍踩下踏板，高位指示灯点亮（响应性良好） 3. 熄火 4. 踩踏板数次：踏板不应完全踩到底，越踩越硬；无异常噪声；踩踏过程无松旷 安全警告 起动发动机时车辆前后不能站人
4. 检查制动助力器工作情况		技术要求 1. 起动发动机 30 s 后熄火 2. 连续踩下制动踏板使踏板变硬且处于最高位置 3. 踩住踏板，再起动发动机，踏板下沉
5. 检查制动助力器真空性情况		技术要求 1. 起动发动机 30 s 后熄火 2. 踩下制动踏板，踏板高度无变化 3. 数次踩下踏板，高度逐次增加，最后高度无变化，无下沉

续表

作业内容	图　　解	技术规范
6. 检查工作指示灯情况		技术要求 1. 拉起驻车制动器手柄一格 2. 观察仪表盘指示灯是否点亮 3. 拉到底，观察指示灯是否常亮
7. 检查驻车制动器自由行程		技术要求 1. 拉起驻车制动器手柄并按下解锁钮 2. 放下驻车制动器手柄 3. 一次拉起驻车制动器手柄到底(6～9 格)
8. 收起尾气抽排管		技术要求 1. 用双手将抽气管从排气管上脱离 2. 将排气管挂到规定挂钩上或摆在规定位置
9. 5S 工作		技术要求 1. 依次收起方向盘套、座椅套、地板垫 2. 将能使用的干净且完好的三件套叠放整齐，放在规定备件车中(教学中采用，低碳环保) 3. 已损坏的分类丢弃到垃圾桶 4. 整理好翼子板布和前格栅布，放好挡块 5. 清洁车身与工具车

 风窗玻璃喷水器、刮水器的检查与维护

任　务　目　标

完成本学习任务后，你应当能：

(1)检查喷水器工作状态。

(2)检查刮水器工作状态。

(3)调整喷水器喷嘴喷射角度。

(4)更换刮片。

建议完成本学习任务为2学时。

相关知识

一、风窗玻璃喷水器、刮水器检查与维护的重要性

汽车刮水器是安装在风窗上的重要附件，刮水器可以刮除附着于车辆风窗玻璃上的雨点及灰尘，以改善驾驶人的驾驶能见度，确保行车安全。因此，风窗玻璃喷水器、刮水器的检查与维护是每个驾驶人出车前必须要做的工作。

二、风窗玻璃喷水器、刮水器检查与维护的内容

1. 检查喷水器的工作状态

检查喷水器喷洒压力是否足够，如果车辆配备有风窗玻璃喷洗联动刮水器功能，还需检查刮水器是否协同工作。

注意：如果刮水器开动时无喷洗液喷出，则说明电动机有可能被烧坏。

检查喷水器的喷洒区是否集中在刮水器的工作范围内，在必要时要进行调整，如图2-5-1所示。

2. 调整喷水器的喷射位置

在喷嘴内插入一根与风窗玻璃喷水器喷嘴的孔相匹配的钢丝，以便调整喷洒的方向。对准喷嘴以便喷水器喷洒范围大约落在刮水器刮水范围中间，如图2-5-2所示。

图 2-5-1　喷水器的检查

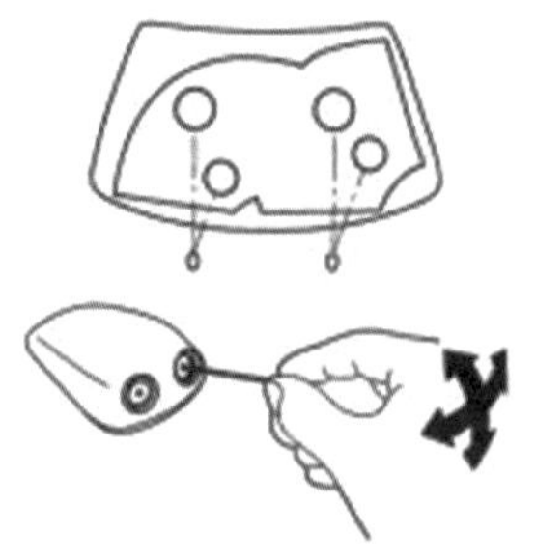

图 2-5-2　喷水器喷射位置的调整

3. 检查刮水器的工作状态

检查刮水器的各个挡位，观察刮水条是否能够以不同速度刮拭玻璃。

检查刮水器刮拭玻璃情况是否良好，如有模糊、刮拭不干净的情况则需更换刮水器。

注意：在检查刮水器时，应先在玻璃上喷水，以免干刮损坏刮水器。

检查刮水器自动停止位置，应在玻璃最下方，如有异常，则需检修

4. 更换刮水片

检查刮水片是否磨损、老化等。如果有，则更换。观察刮水臂上有没有一个“小按钮”。在更换时，用一只手将小按钮按到底，这样刮水片就可以活动了，另一只手将刮水片向外拔，方可拆下刮水片。安装的时候将新件直接插入雨刷臂中即可。

任务实施

1. 工作任务

风窗玻璃喷水器、刮水器的检查与维护。

2. 任务准备

(1)工作场景：理实一体化教室。

(2)主要设备：举升机、教学车辆、尾气抽排装置、成套组合工具车、多层零件车、轮胎架、工作台、垃圾桶、机油回收机、理论教室、多媒体设备等。

(3)辅助材料：抹布、手套等。

(4)配件耗材：刮水片。

3. 实施步骤（表 2-5-1）

表 2-5-1　风窗玻璃喷水器、刮水器的检查与维护

作业内容	图　　解	技 术 规 范
1. 车辆基本防护和安全检查		技术要求 1. 用遥控钥匙解锁，打开车门 2. 依次安装好地板垫、方向盘套和座椅套，检查挡位是否在空挡或 P 挡，拉起驻车制动手柄 3. 依次安装好前格栅布和翼子板布 4. 安装好车轮挡块 5. 检查汽车工作液，检查结束取下翼子板布和前格栅布，关闭发动机舱盖 安全警告 禁止用拿钥匙的手打开车门，以防刮伤车门
2. 插入汽车排气抽气管		技术要求 1. 双手操作插入汽车排气抽气管 2. 排气抽气管避免扭曲 3. 抽排装置风机开动
3. 起动发动机		技术要求 1. 发动机起动前，要再次确认变速杆置于 P 挡，驻车制动手柄拉起 2. 踩下离合器或制动器，将钥匙旋转到 start 挡位，发动机起动着松开钥匙 安全警告 起动发动机前一定要大声提醒周围人注意，并确认车辆前后无人再进行其他操作

续表

作业内容	图　　解	技术规范
4. 将喷水器开关向驾驶人方向拨动	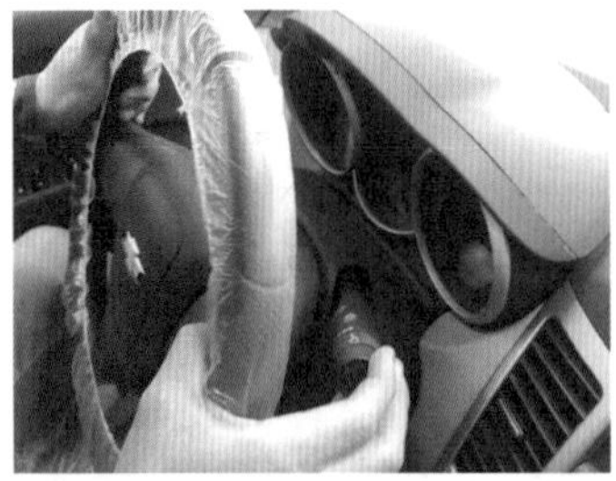	技术要求 1. 将刮水器组合开关向驾驶人方向拨动，停留几秒 2. 检查喷水器出口是否有清洗液喷出
5. 检查喷水器喷洒压力是否足够		技术要求 1. 喷水器喷洒应有力 2. 如果刮水器开动时无喷洗液喷出，则刮水器电动机有可能被烧坏，应立即停止检查
6. 检查刮水器是否协同工作		技术要求 喷水器喷水时，刮水片应协同工作。检查刮水片是否左右摆动
7. 检查喷洗液喷射位置是否正确		技术要求 喷洗液喷射位置应集中在刮水片工作范围内，如不在该区域，则需调整
8. 调节喷射方向		技术要求 1. 安装翼子板布和前格栅布 2. 在喷嘴内插入一根与风窗玻璃喷水器喷嘴的孔相匹配的钢丝 3. 调整喷洒的方向，对准喷嘴以使喷水器喷洒大约落在刮水器的刮水范围的中间

续表

作业内容	图　　解	技 术 规 范
9. 检查刮水器各挡位工作情况		技术要求 1. 在发动机怠速运转情况下，操纵刮水器开关，分别打到间歇、低速、高速挡位，检查刮水片的工作情况 2. 各挡停留时间要适当，不宜过短
10. 检查刮水片自动停止位置		技术要求 1. 关闭刮水片开关 2. 检查刮水片是否自动停止在其停止位置 3. 如不能正常停止在该位置，则需进厂检查维修
11. 检查刮水片刮拭状况		技术要求 1. 检查刮水片不会产生以下问题： (1)条纹式的刮水痕迹 (2)刮水效果不好 2. 检查完毕应关闭发动机
12. 检查刮水片是否损坏		技术要求 1. 检查刮水片是否磨损严重、老化等，如果是，则更换 2. 检查刮水片是否黏附砂砾等杂物，如果是应清洁
13. 更换刮水片	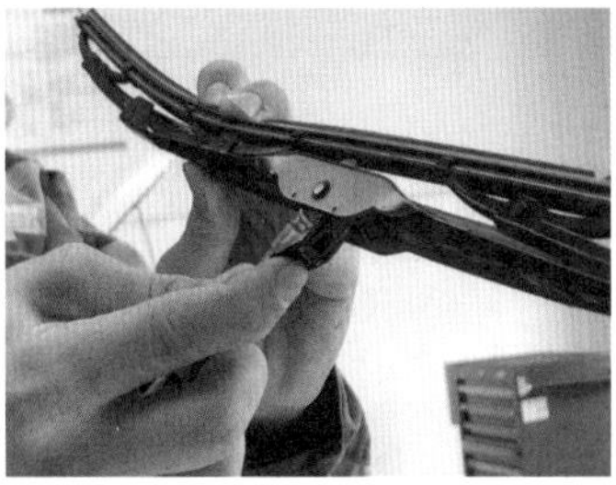	技术要求 1. 按住刮水臂上的小按钮，向下卸下旧的刮水片 2. 将刮水片锁止开关对准刮水臂，向上安装新刮水片 3. 安装新刮水片后要再次检查刮拭效果

续表

作业内容	图　解	技术规范
14. 收起尾气抽排管		技术要求 1. 用双手将抽气管从排气管上脱离 2. 将排气管挂到规定挂钩上或摆在规定位置
15. 5S 工作		技术要求 1. 依次收起方向盘套、座椅套、地板垫 2. 将能使用的干净且完好的三件套叠放整齐，放在规定备件车中（教学中采用，低碳环保） 3. 已损坏的分类丢弃到垃圾桶中 4. 整理好翼子板布和前格栅布，放好挡块 5. 清洁车身与工具车

任务6 照明、信号指示装置及仪表的检查与维护

任务目标

完成本学习任务后，你应当能：

(1)检查前照灯的工作情况。

(2)检查信号指示装置的工作情况。

(3)检查仪表的工作情况。

建议完成本学习任务为 4 学时。

相关知识

一、照明、信号指示装置及仪表检查与维护的重要性

为了保证汽车行驶安全和工作可靠，在汽车上装有各种照明装置和信号装置，用以照亮道路、表示车辆宽度和车辆所处的位置、照亮车厢内部、指示仪表以及夜间车辆检修等。因此，照明、信号指示装置及仪表的及时维护十分重要，不仅影响到行车的舒适性，而且还关系到行车的安全性。

二、照明、信号指示装置及仪表的检查内容及周期(表 2-6-1)

表 2-6-1 照明、信号指示装置及仪表的检查内容及周期

<table>
<tr><th>作业项目</th><th>作业内容</th><th>技术要求</th><th>维护周期</th></tr>
<tr><td rowspan="3">照明、信号指示装置及仪表的检查与维护</td><td>检查前照灯</td><td>前照灯完好，有效，表面清洁，远近光变换正常</td><td rowspan="2">出车前</td></tr>
<tr><td>检查信号指示装置</td><td>转向灯、制动灯、示廓灯、危险警告灯、雾灯、扬声器、标志及反射器等信号指示装置完好有效，表面清洁</td></tr>
<tr><td>检查仪表</td><td>工作正常</td><td>出车前，行车中</td></tr>
</table>

任务实施

1. 工作任务

照明、信号指示装置及仪表的检查与维护。

2. 任务准备

(1)工作场景：理实一体化教室。

(2)主要设备：举升机、教学车辆、尾气抽排装置、成套组合工具车、多层零件车、轮胎架、工作台、垃圾桶、机油回收机、理论教室、多媒体设备等。

(3)辅助材料：抹布、手套等。

(4)配件耗材：无。

3. 实施步骤（表 2-6-2）

表 2-6-2　照明、信号指示装置及仪表的检查与维护

作业内容	图　解	技术规范
1. 车辆基本防护和安全检查		技术要求 1. 用遥控钥匙解锁，打开车门 2. 依次安装好地板垫、方向盘套和座椅套，检查挡位是否在空挡或 P 挡，拉起驻车制动手柄 3. 依次安装好前格栅布和翼子板布 4. 安装好车轮挡块 5. 检查汽车工作液，检查结束取下翼子板布和前格栅布，关闭发动机舱盖 安全警告 禁止用拿钥匙的手打开车门，以防刮伤车门
2. 观察组合仪表警告灯		技术要求 1. 将点火开关转到 ON 2. 检查所有的警告灯：放电警告灯、故障指示灯(MIL)、油压警告灯等

续表

作业内容	图　　解	技术规范
3. 起动发动机		技术要求 1. 发动机起动前，要再次确认变速杆置于 P 位，驻车制动器手柄拉起 2. 踩下离合器或制动器踏板，将钥匙旋转到 start 挡位，发动机起动着松开钥匙 安全警告 起动发动机前一定要大声提醒周围人注意，并确认车辆前后无人再进行其他操作
4. 检查机油压力指示灯		技术要求 1. 检查机油压力指示灯在点火开关打开后是否点亮 2. 检查发动机起动瞬间机油压力指示灯是否熄灭
5. 检查发动机自检灯		技术要求 1. 检查发动机自检灯在点火开关打开后是否点亮 2. 检查发动机起动瞬间发动机自检灯是否熄灭
6. 检查蓄电池指示灯		技术要求 1. 检查蓄电池指示灯在点火开关打开后是否点亮 2. 检查点火开关打开 2 s 后是否自动熄灭

续表

作业内容	图　解	技术规范
7. 检查安全带指示灯		技术要求 1. 扣上安全带 2. 检查安全带指示灯是否正常熄灭
8. 检查 ABS 指示灯		技术要求 1. 检查 ABS 指示灯在点火开关打开后是否点亮 2. 检查发动机起动瞬间 ABS 指示灯是否熄灭
9. 控制开关旋动一挡		技术要求 1. 将前照灯控制开关旋至一挡 2. 检查示廓灯、牌照灯、尾灯是否正常点亮
10. 检查近光灯		技术要求 1. 将灯光控制开关旋转两挡 2. 检查近光灯是否正常点亮
11. 检查远光灯		技术要求 1. 将变光器开关向前推开 2. 检查远光灯是否正常点亮 3. 科鲁兹前照灯是双丝灯泡，需仔细查看远近光灯的发光强度

续表

作业内容	图　　解	技术规范
12. 检查大灯闪光		技术要求 1. 把变光器开关向后拉 2. 检查大灯指示灯是否正常亮或闪烁 3. 检查闪光器是否能实现变光
13. 检查左右转向灯		技术要求 1. 把变光器开关向上移动，检查左转向信号灯是否正常亮或闪烁 2. 把变光器开关向下移动，检查右转向信号灯是否正常亮或闪烁
14. 检查转向开关自动回正		技术要求 1. 转向开关向下拨动 2. 向左打方向 90° 3. 回正方向盘，检查转向开关是否自动回位 4. 右转检查方法同上
15. 检查危险警告灯		技术要求 1. 按下危险信号开关 2. 检查危险警告灯指示灯是否正常亮 3. 检查危险警告灯是否正常亮或闪烁
16. 检查制动灯		技术要求 1. 踩住制动踏板 2. 检查制动灯是否正常亮 3. 检查低位制动灯是否正常亮

续表

作业内容	图　　解	技术规范
17. 检查倒车灯		技术要求 1. 踩制动踏板时，同时挂倒挡 2. 检查倒车灯是否正常亮 3. 关闭发动机
18. 5S 工作		技术要求 1. 依次收起方向盘套、座椅套、地板垫 2. 将能使用的干净且完好的三件套叠放整齐，放在规定备件车中(教学中采用，低碳环保) 3. 已损坏的分类丢弃到垃圾桶中 4. 整理好翼子板布和前格栅布，放好挡块 5. 清洁车身与工具车

MISSION 任务 7 空调系统的功能检查

任务目标

完成本学习任务后，你应当能：

(1)检查空调的制冷功能。

(2)检查空调出风模式功能。

(3)检查空调风速调节功能。

(4)检查空调暖风功能。

建议完成本学习任务为 2 学时。

相关知识

一、空调系统功能检查的重要性

汽车空调系统的作用是根据室外环境随时调节汽车内部的温度、湿度和通风状况，保持最舒适的驾车环境。驾驶人在一个安全舒适的环境下开车，不受外界温度影响，可以保证车主的健康及驾驶安全。

二、汽车空调日常维护的内容

1. 全面检查空调

换季首次使用空调时应先检查一下空调系统，如通过储液罐检查制冷液及空调滤芯是否过脏、散热器是否有异物等；检查空调的制冷功能和暖风功能是否正常；检查空调的出风模式和风速调节功能是否正常。

2. 注意空调的清洗

有些新手总是要等到空调效果不好时，才想起清洗空调，这是不对的。应该做到空调滤清器定期更换，尤其在北方春天沙尘较多，柳絮飘飞，这些都会沾在滤清器上，容易滋长细菌，使空调产生霉味，因此最好每年的春季过后更换一次。另外，冷凝器也要定时清洗，而且要将散热器拆下来，清洗才能彻底。

3. 停车后，先不要关空调

车主到达目的地后，一般都是关上空调车门后就直接离开。与秋冬季节不同，炎热的夏季里，车内外的巨大温差会导致空调系统发霉，进而滋生霉菌。因此车主应在到达目的地之前几分钟关掉冷气，开启自然风，使空调管道内的温度回升，消除与外界的温差，从而保持空调系统的相对干燥，避免霉菌繁殖。

4. 定期开放大风量

有的车主因为不喜欢空调开到高挡时发出的噪声，因此很少或从不将空调开到大风量。但是空调使用时会吸进很多灰尘，定期开大风能将空调风道内表面的浮尘吹出来，这是保持空调清洁的一种简单的方法。另外，也要用专用的风道清洗液进行杀菌、清理和除异味。

任务实施

1. 工作任务

空调系统的功能检查。

2. 任务准备

(1)工作场景：理实一体化教室。

(2)主要设备：举升机、教学车辆、尾气抽排装置、成套组合工具车、多层零件车、轮胎架、工作台、垃圾桶、机油回收机、理论教室、多媒体设备等。

(3)辅助材料：抹布、手套等。

(4)配件耗材：无。

3. 实施步骤（表 2-7-1）

表 2-7-1　空调系统的功能检查

作业内容	图　解	技术规范
1. 车辆基本防护和安全检查		技术要求 1. 用遥控钥匙解锁，打开车门 2. 依次安装好地板垫、方向盘套和座椅套，检查挡位是否在空挡或 P 挡，拉起驻车制动器手柄 3. 依次安装好前格栅布和翼子板布 4. 安装好车轮挡块 5. 检查汽车工作液 安全警告 禁止用拿钥匙的手打开车门，以防刮伤车门
2. 插入汽车排气抽气管		技术要求 1. 双手操作插入汽车排气抽气管 2. 排气抽气管避免扭曲 3. 抽排装置风机开动
3. 起动发动机		技术要求 1. 发动机起动前，要再次确认变速杆置于 P 位，驻车制动器手柄拉起 2. 踩下离合器或制动器踏板，将钥匙旋转到 start 挡位，发动机起动着松开钥匙 安全警告 起动发动机前一定要大声提醒周围人注意，并确认车辆前后无人再进行其他操作

续表

作业内容	图　　解	技术规范
4. 检查空调暖风系统	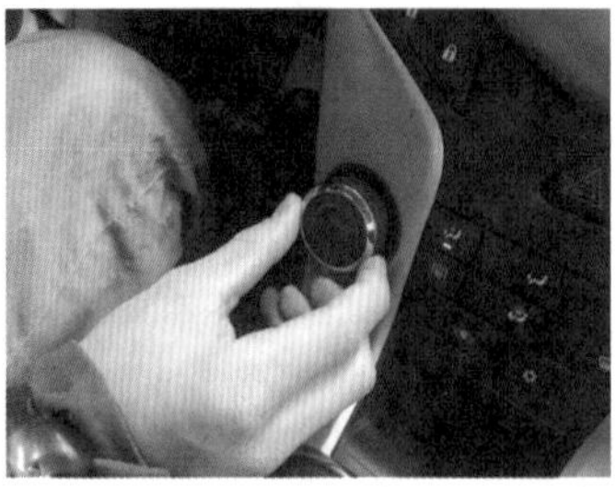	技术要求 1. 将温度调节旋钮转到红色区域 2. 打开风量开关，检查出风口是否出热风
5. 检查空调制冷系统	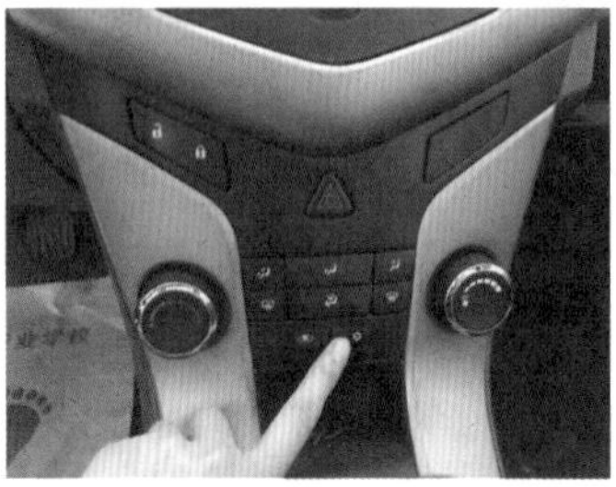	技术要求 1. 将风量开关打开 2. 将 A/C 开关打开 3. 将温度旋钮转到蓝色区域 4. 等待一会儿，检查出风口是否有冷风吹出
6. 检查鼓风机风量		技术要求 1. 打开鼓风机开关 2. 分别旋转到 1，2，3，4 挡，依次检查，风量是否依次变大
7. 检查风向开关		技术要求 1. 将风向开关依次拨到各个挡位 2. 依次检查对应出风口是否有风 3. 检查完毕关闭发动机
8. 收起尾气抽排管		技术要求 1. 用双手将抽气管从排气管上脱离 2. 将排气管挂到规定挂钩上或摆在规定位置

续表

作业内容	图　解	技术规范
9. 5S 工作		技术要求 1. 依次收起方向盘套、座椅套、地板垫 2. 将能使用的干净且完好的三件套叠放整齐，放在规定备件车中（教学中采用，低碳环保） 3. 已损坏的分类丢弃到垃圾桶中 4. 整理好翼子板布和前格栅布，放好挡块 5. 清洁车身与工具车

工匠精神

2. 专注。专注就是内心笃定而着眼于细节的耐心、执着、坚持的精神，这是一切“大国工匠”所必须具备的精神特质。从中外实践经验来看，工匠精神都意味着一种执着，即一种几十年如一日的坚持与韧性。“术业有专攻”，一旦选定行业，就一门心思扎根下去，心无旁骛，在一个细分产品上不断积累优势，在各自领域成为“领头羊”。在中国早就有“艺痴者技必良”的说法，如《庄子》中记载的游刃有余的“庖丁解牛”、《核舟记》中记载的奇巧人王叔远等。

项目3 PROJECT 汽车一级维护

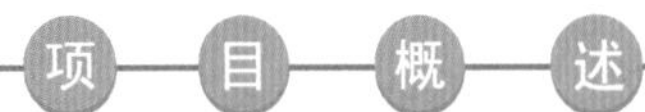

汽车一级维护是以清洁、润滑、紧固为主，并检查有关制动、操纵等安全部件，消除在作业中发现的故障与隐患的汽车维护作业。做好一级维护，是践行服务人民、生命至上、绿色生产理念的具体体现。

本项目包含了5个基本学习任务：任务1，空气滤清器和燃油滤清器的检查与维护；任务2，机油及机油滤清器的更换；任务3，冷却系统的检查与维护；任务4，底盘系统的检查与维护；任务5，蓄电池的检查与维护。

通过本项目的学习，你要在知识、技能、行为习惯、职业素养等方面达到以下相关要求。

序号	学习内容(知识、技能、行为习惯、职业素养)	评价标准			
		了解知道	理解掌握	指导下操作	独立操作
1	会对空气滤清器进行检查与更换				√
2	会对燃油管路安装、泄漏情况进行检查	√			√
3	能够规范检查燃油箱盖				√
4	会对汽油滤清器(外置式)进行检查和更换				√
5	会正确选择机油型号	√			
6	机油的更换周期	√			
7	会正确检查机油的泄漏情况			√	
8	会正确进行机油、机油滤清器的更换				√
9	会检查冷却管路、散热器的安装情况	√			
10	会检查冷却液的冰点				√
11	会进行散热器盖压力测试				√
12	会进行冷却系统压力测试				√

续表

序号	学习内容(知识、技能、行为习惯、职业素养)	评价标准			
		了解知道	理解掌握	指导下操作	独立操作
13	会对转向机构进行检查与维护			√	
14	会对制动管路进行检查与维护			√	
15	会对传动系统进行检查与维护			√	
16	会对车架、悬架重要螺栓进行检查与维护			√	
17	会进行蓄电池外观检查与维护	√			
18	会测量蓄电池的开路电压和充电电压			√	
19	会进行蓄电池的更换				√
20	会进行蓄电池的补充充电			√	

MISSION 任务1 空气滤清器和燃油滤清器的检查与维护

完成本学习任务后，你应当能：

(1)对空气滤清器进行检查与更换。

(2)对燃油管路安装、泄漏情况进行检查。

(3)对汽油滤清器(外置式)进行检查和更换。

建议完成本学习任务为4学时。

相关知识

一、空气滤清器的重要性

发动机在工作过程中要吸进大量的空气，如果空气不经过滤清，空气中悬浮的尘埃被吸入气缸中，就会加速活塞组及气缸的磨损。较大的颗粒进入活塞与气缸之间，会造成严重的“拉缸”现象，这在干燥多沙的工作环境中尤为严重。空气滤清器装在进气管的前方，起到滤除空气中灰尘、砂粒的作用，保证气缸中进入足量、清洁的空气。

二、空气滤清器的更换周期

空气滤清器的滤芯材料为滤纸或无纺布。为了增加空气通过面积，滤芯大都加工出许多细小的褶皱。当滤芯轻度污损时，可以使用压缩空气吹净，当滤芯污损严重时应当及时更换新空气滤清器。一般每隔12个月或行驶10 000 km更换一次滤芯。

三、燃油滤清器的重要性

电喷车辆需要更清洁的燃油，极微小的杂质也会磨损电喷系统中的精密零部件。因此电喷车辆需要专用的汽油滤清器，它过滤燃油中的杂质，避免它们进入喷射阀和冷起动阀。汽油滤清器是组成电喷系统的重要零部件，汽油滤清器提供电喷系统要求的清洁燃油，从而使发动机性能达到最优，同时也给发动机提供了最佳保护。

四、燃油滤清器的更换周期

建议更换周期：汽车每行驶 20 000 km 更换一次，汽车行驶的路况和油品不好可适当提前更换。

任务实施

1. 工作任务

空气滤清器和燃油滤清器的检查与维护。

2. 任务准备

(1)工作场景：理实一体化教室。

(2)主要设备：教学用车(科鲁兹)、举升机、手电筒。

(3)辅助设备：三件套、抹布、手套、白板、卡片纸、双面胶等。

(4)配件耗材：空气滤清器、燃油滤清器。

3. 实施步骤（表 3-1-1）

表 3-1-1　空气滤清器和燃油滤清器的检查与维护

作业内容	图　解	技术规范
1. 车辆基本防护和安全检查		**技术要求** 1. 用遥控钥匙解锁，打开车门 2. 依次安装好地板垫、方向盘套和座椅套，检查挡位是否在空挡或 P 挡，拉起驻车制动器手柄 3. 依次安装好前格栅布和翼子板布 4. 安装好车轮挡块 **安全警告** 禁止用拿钥匙的手打开车门，以防刮伤车门

续表

作业内容	图　解	技术规范
2. 检查进气管是否损坏		技术要求 1. 检查进气管是否有裂纹等损坏现象 2. 如发现裂纹现象，更换进气管道
3. 打开空气滤清器盒		技术要求 1. 用十字起旋下空气滤清器盒的固定螺栓 2. 拔下空气流量计的插接器 3. 打开空气滤清器盒
4. 检查空气滤清器		技术要求 1. 取出滤清器 2. 检查滤清器是否需要更换
5. 更换空气滤清器		技术要求 1. 取新的滤清器放入空气滤清器壳中 2. 整理空气滤清器，保证其与空气滤清器壳正好贴合
6. 关上空气滤清器盒	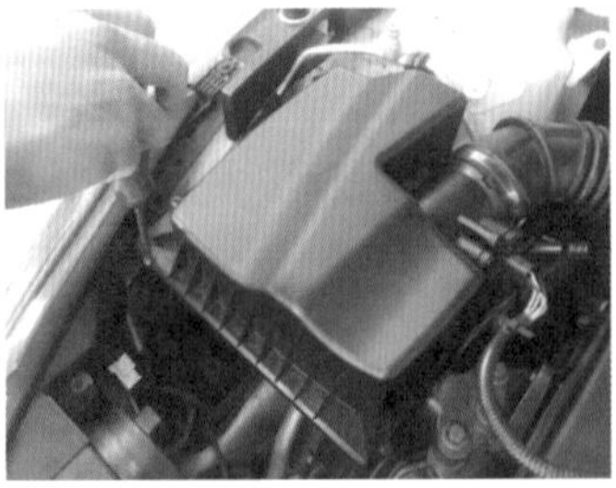	技术要求 1. 将盒子关上，对好缝隙 2. 旋紧螺钉 3. 安装好空气流量计的插接器

续表

作业内容	图　解	技术规范
7. 安装举升机支撑垫块		技术要求 1. 每侧两个支撑垫块 2. 支撑垫块位置应对准车辆被支撑部位 3. 可根据实际情况将垫块横置或纵置于举升机平台上 4. 确保油箱、护板等零部件不被挤压 5. 支撑垫块伸出板外
8. 举升车辆至最高位		技术要求 1. 安装好举升垫块 2. 举升前、中要大声提醒并注意观察，确保安全 3. 到位后安全锁止，关闭电源开关 安全警告 发现举升异常，立即停止
9. 举升机安全锁止	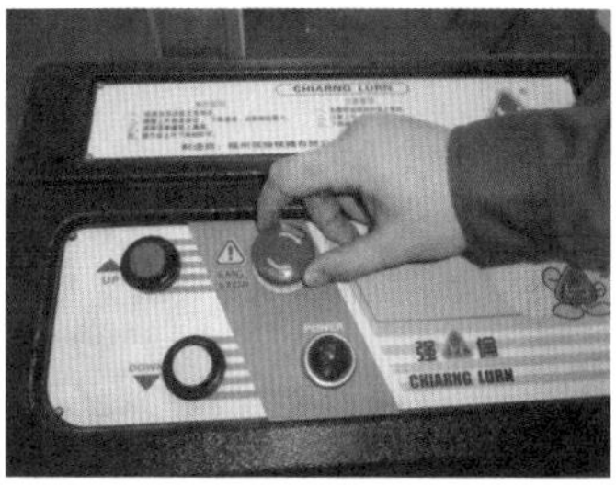	技术要求 1. 按下举升机控制柜上的“锁定”按钮 2. 确认锁止机构已经锁止可靠 3. 发出“举升机锁止安全，可以作业”的指令，然后开始相应项目的作业
10. 检查燃油管是否损坏		技术要求 1. 检查燃油管路是否渗漏 2. 检查燃油管路是否有裂纹和其他损坏

续表

作业内容	图　解	技术规范
11. 检查燃油滤清器是否损坏		技术要求 1. 检查燃油滤清器卡箍是否松动 2. 检查燃油滤清器是否有裂纹和其他损坏
12. 检查燃油箱是否损坏	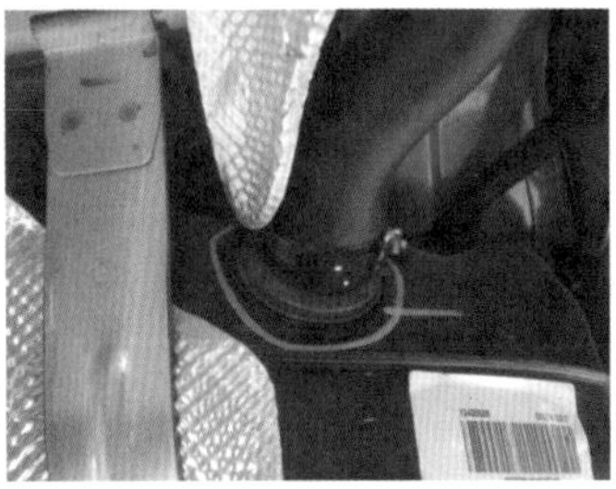	技术要求 1. 检查燃油箱是否渗漏 2. 检查燃油箱是否有裂纹和其他损坏
13. 降下举升机至最低位		技术要求 1. 降下前、中要大声提醒并注意观察，确保安全 2. 举升机回到初始位置，关闭电源开关 3. 实施驻车制动 安全警告 发现举升异常，立即停止
14. 检查燃油箱盖是否变形和损坏		技术要求 1. 检查燃油箱盖是否松动 2. 检查燃油箱盖是否变形和损坏 3. 检查燃油箱盖密封状况

续表

作业内容	图　　解	技术规范
15. 检查扭矩限制器工作情况		技术要求 检查扭矩限制器是否工作正常
16. 5S 工作		技术要求 1. 收起翼子板布、前格栅布，放到规定位置，盖上发动机舱盖 2. 收起三件套，丢弃至指定垃圾箱 3. 拔出钥匙，锁好车门，钥匙放回指定位置 4. 清洁车辆、地面及工具
17. 填写工作表单		技术要求 1. 完成的项目在工作表单中确认 2. 正常的打“√”，有问题的打“×” 3. 有数据记录的记录相关数据 4. 有疑问的做好相关记录

任务2 机油及机油滤清器的更换

完成本学习任务后，你应当能：

(1)正确选择机油型号。

(2)熟悉机油更换的步骤和方法。

(3)正确进行机油、机油滤清器的更换。

(4)正确检查机油的泄漏情况。

(5)践行保护优先的绿色生产生活方式。

建议完成本学习任务为6学时。

相关知识

一、 更换发动机机油的重要性

长时间不更换机油，首先机油会很脏，也就加大了机油的黏稠度，加大了发动机零配件运转时需要克服的阻力，自然就加大了油耗。其次，在发动机工作室，都会多多少少有一些机油的自然损耗，但是长时间不更换，会因自然损耗而形成高黏稠度机油。

若发动机机油无法起到润滑作用，会加大发动机磨损，严重的会使发动机报废。

若发动机机油无法起到清洁作用，会使油耗日益增加。

若发动机机油无法起到冷却及缓冲作用，会增加发动机其他冷却系的工作量，影响其他零部件寿命。

图3-2-1为没有更换发动机机油滤清器的后果。

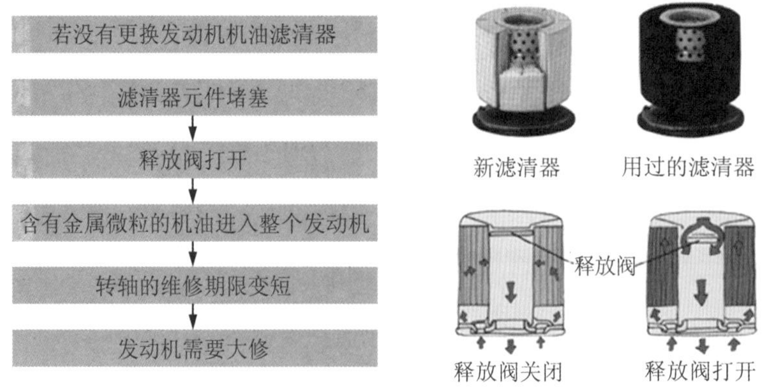

图3-2-1 不更换机油滤清器的后果

二、 机油更换周期

一般很难从视觉上去判断机油的消耗情况，需依据行驶距离或时间更换机油。

汽油发动机(科鲁兹)的机油更换周期：每 5 000 km 或 6 个月，或根据车辆机油寿命监测系统提示更换。柴油发动机的机油更换周期：每 5 000 km 或 6 个月，更换间隔期随车型、使用状况而不同，所以需参照维修手册。

三、 发动机机油类型

发动机机油的分类，可以是 API 等级(根据品质性能)，也可以是 SAE 等级(根据黏度)，请参考用户手册，了解所适用的机油，如图 3-2-2 所示。

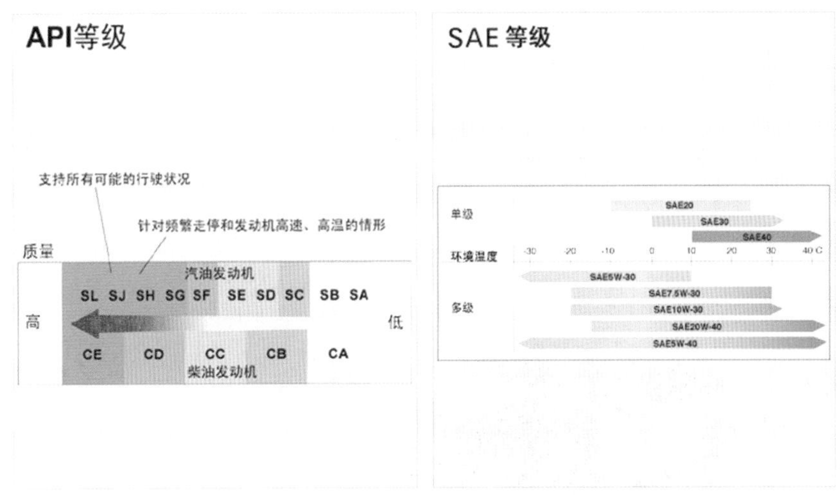

图 3-2-2 两种机油的性能比较

四、 机油的作用

(1)润滑减磨。

(2)清洗清洁。

(3)防锈防腐。

(4)密封防漏。

(5)冷却降温。

(6)减振缓冲。

任务实施

1. 工作任务

机油与机油滤清器的更换。

2. 任务准备

(1)工作场景：理实一体化教室。

(2)主要设备：教学用车(科鲁兹)、举升机、手电筒。

(3)辅助设备：三件套、抹布、手套、白板、卡片纸、双面胶等。

(4)配件耗材：机油、机油滤清器。

3. 实施步骤（表 3-2-1）

表 3-2-1 机油与机油滤清器的更换

作业内容	图解	技术规范
1. 车辆基本防护和安全检查		**技术要求** 1. 用遥控钥匙解锁，打开车门 2. 依次安装好地板垫、方向盘套和座椅套，检查挡位是否在空挡或 P 挡，拉起驻车制动器手柄 3. 依次安装好前格栅布和翼子板布 4. 安装好车轮挡块 **安全警告** 禁止用拿钥匙的手打开车门，以防刮伤车门
2. 旋松机油加注口盖		**技术要求** 逆时针方向旋松机油加注口盖，不要取下，旋松即可

续表

作业内容	图　　解	技 术 规 范
3. 举升车辆至最高位		技术要求 1. 安装好举升垫块 2. 举升前、中要大声提醒并注意观察，确保安全 3. 到位后安全锁止，关闭电源开关 安全警告 发现举升异常，立即停止
4. 准备工具		特别提醒 机油排放塞及机油滤清器专用拆卸工具必须与该车型匹配
5. 检查发动机各配合表面是否漏油		技术要求 1. 检查时要借助手电筒 2. 手套轻轻擦拭配合表面，检查是否有油渍
6. 拆卸机油排放塞		技术要求 1. 先用 $14^{\#}$ 梅花扳手逆时针旋松 2. 然后用手旋，机油排放塞放到工作台上
7. 排放发动机机油		技术要求 用手旋出机油排放塞时要小心机油的喷溅

续表

作业内容	图 解	技 术 规 范
8. 检查机油排放塞橡胶密封环		技术要求 1. 检查橡胶密封环有无老化、损坏 2. 必要时进行更换
9. 安装机油排放塞		技术要求 1. 用手将排放塞旋上，直到密封圈贴到排放塞孔 2. 用扭力扳手将机油排放塞旋紧到规定扭矩 14 N·m
10. 降下举升机至最低位		技术要求 1. 降下前、中要大声提醒并注意观察，确保安全 2. 举升机回到初始位置，关闭电源开关 3. 实施驻车制动 安全警告 发现举升异常，立即停止
11. 拆卸旧的机油滤清器	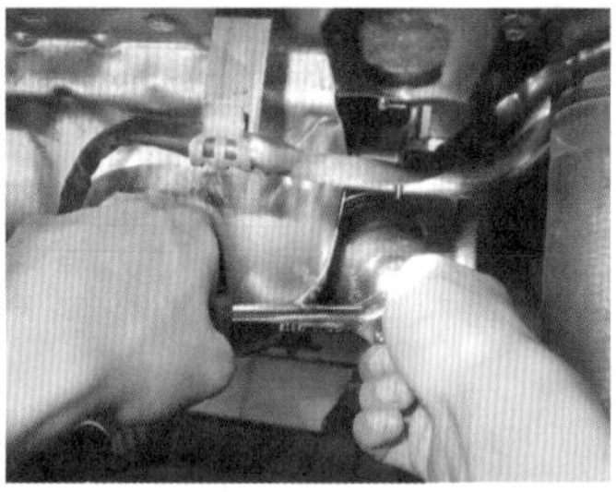	技术要求 1. 先用机油滤清器专用扳手逆时针旋转使之松动 2. 然后用手旋下
12. 检查滤清器舱是否有杂物		技术要求 1. 检查滤清器舱是否有杂物 2. 如有杂物，整理干净，避免杂物掉入油道中

续表

作业内容	图　　解	技术规范
13. 安装新的机油滤清器		技术要求 1. 更换新的机油滤清器滤芯 2. 更换新的橡胶圈 3. 在橡胶圈上涂抹干净机油
14. 安装新的机油滤清器		技术要求 1. 先用手旋紧机油滤清器 2. 使用扭力扳手旋到规定扭矩
15. 加注机油		技术要求 1. 科鲁兹1.6AT轿车LDE发动机的机油加注量为4.5 L 2. 左手扶住机油桶，右手握住机油桶把手，缓慢注入机油
16. 检查机油液位		技术要求 1. 静置一段时间后检查机油液位是否符合技术要求 2. 调整机油液位至规定高度
17. 发动机暖机		技术要求 1. 运转发动机，使润滑系统正常工作 2. 发动机熄火

续表

作业内容	图　解	技术规范
18. 举升车辆至最高位		技术要求 1. 安装好举升垫块 2. 举升前、中要大声提醒并注意观察，确保安全 3. 到位后安全锁止，关闭电源开关 安全警告 发现举升异常，立即停止
19. 复检		技术要求 1. 检查机油滤清器及排放塞处有无机油泄漏 2. 机油滤清器安装是否良好
20. 降下举升机至最低位		技术要求 1. 降下前、中要大声提醒并注意观察，确保安全 2. 举升机回到初始位置，关闭电源开关 3. 实施驻车制动 安全警告 发现举升异常，立即停止
21. 5S 工作		技术要求 1. 收起翼子板布、前格栅布，放到规定位置，盖上发动机舱盖 2. 收起三件套，丢弃至指定垃圾箱 3. 拔出钥匙，锁好车门，钥匙放回指定位置 4. 清洁车辆、地面及工具
22. 填写工作表单		技术要求 1. 完成的项目在工作表单中确认 2. 正常的打“√”，有问题的打“×” 3. 有数据记录的记录相关数据 4. 有疑问的做好相关记录

冷却系统的检查与维护

任务目标

完成本学习任务后，你应当能：

(1)检查冷却管路、散热器的安装情况。

(2)检查冷却液的冰点。

(3)进行散热器盖压力测试。

(4)进行冷却系统压力测试。

建议完成本学习任务为4学时。

相关知识

一、冷却系统的作用

在可燃混合气燃烧时气缸内气体温度高达2 073 K～2 273 K。直接与高温气体接触的机件(如气缸体、气缸盖、活塞、气门等)若不及时加以冷却，则其中运动机件会因受热膨胀而破坏正常间隙，或因润滑油在高温下失效而卡死；机件会因高温而导致其机械强度降低甚至损坏。因此，为保证发动机正常工作，必须对在高温条件下工作的机件加以冷却。

发动机的冷却必须适度。若发动机冷却不足，会使气缸充气量不足，会出现早燃和爆燃等燃烧不正常的现象，发动机功率将下降，且发动机零件也会因润滑不良而加速磨损。但若冷却过度，一方面由于热量散失过多，转变成有用功的热量减少，另一方面由于混合气与冷缸壁接触，其中原已气化的燃油又凝结并流到曲轴箱内，不仅增加了燃油消耗，且使机油变稀影响润滑，结果也将使发动机功率下降，磨损加剧。因此，冷却系统的任务就是使工作中的发动机得到适度的冷却，从而保持在最适宜的温度范围内工作。

发动机中使高温零件的热量直接散入大气进行冷却的一系列装置称为风冷系；使热量先传给水，然后再散入大气的一系列装置称为水冷系。目前汽车发动机上广泛采用的是水冷系。采用水冷系时，应使气缸盖内的冷却水温在353 K～363 K(80 ℃～90 ℃)。

图 3-3-1 为汽车的冷却系统。

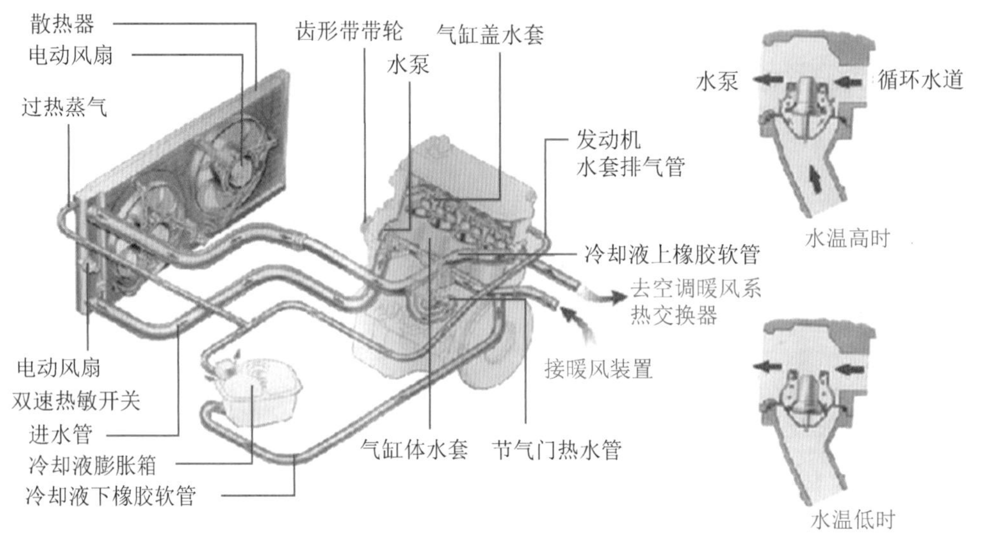

图 3-3-1　冷却系统

二、冷却系统检查维护的项目

冷却系统需检查的项目有散热器、散热器盖、橡胶软管、冷却液、卡箍、散热器压力等。

任务实施

1. 工作任务

冷却系统的检查与维护。

2. 任务准备

(1)工作场景：理实一体化教室。

(2)主要设备：教学用车(科鲁兹)、举升机、手电筒。

(3)辅助设备：三件套、抹布、手套、白板、卡片纸、双面胶等。

(4)配件耗材：冷却液。

3. 实施步骤（表 3-3-1）

表 3-3-1　冷却系统的检查与维护

作业内容	图　解	技术规范
1. 车辆基本防护和安全检查		**技术要求** 1. 用遥控钥匙解锁，打开车门 2. 依次安装好地板垫、方向盘套和座椅套，检查挡位是否在空挡或 P 挡，拉起驻车制动器手柄 3. 依次安装好前格栅布和翼子板布 4. 安装好车轮挡块 **安全警告** 禁止用拿钥匙的手打开车门，以防刮伤车门
2. 插入汽车排气抽气管		**技术要求** 1. 双手操作插入汽车排气抽气管 2. 排气抽气管避免扭曲 3. 抽排装置风机开动
3. 起动发动机		**技术要求** 1. 确认好是否在挡位中 2. 起动发动机
4. 检查橡胶软管		**技术要求** 1. 暖机(起动发动机) 2. 检查橡胶软管是否硬化，是否有裂纹、凸起等

续表

作业内容	图　　解	技术规范
5. 检查散热器		技术要求 1. 暖机(起动发动机) 2. 检查散热器，观察是否泄漏、损坏等
6. 检查散热器盖		技术要求 1. 暖机(起动发动机) 2. 检查散热器盖是否损坏
7. 检查卡箍安装状况	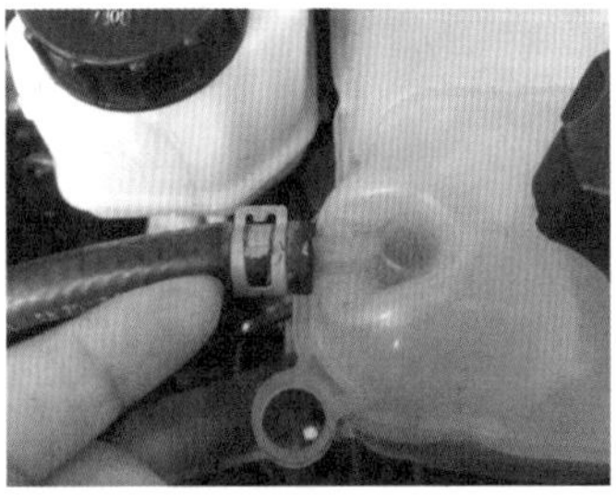	技术要求 1. 暖机(起动发动机) 2. 检查卡箍是否牢固、损坏等
8. 关闭发动机		技术要求 关闭发动机
9. 检查冷却液冰点		技术要求 1. 校零冰点测试仪 2. 用吸棒取少许冷却液滴在测试镜片上

续表

作业内容	图解	技术规范
10. 目视测量结果		技术要求 1. 双手持平测量仪 2. 目视观察口 3. 测量时要对着光亮处
11. 工具准备		技术要求 1. 检查冷却系统检测器 2. 测试器橡胶管有无损坏、老化
12. 检查冷却系统检测器		技术要求 1. 检查冷却系统检测器 2. 保压测试 3. 测试器加压至 0.15 MPa 4. 等待 5 min，压力不变
13. 选择测试接头		技术要求 1. 根据不同车型选择测试接头 2. 注意冷却系统和散热器盖测试接头区别 3. 图中左侧为冷却系统压力测试接头 4. 图中右侧为散热器盖压力测试接头
14. 旋下散热器盖	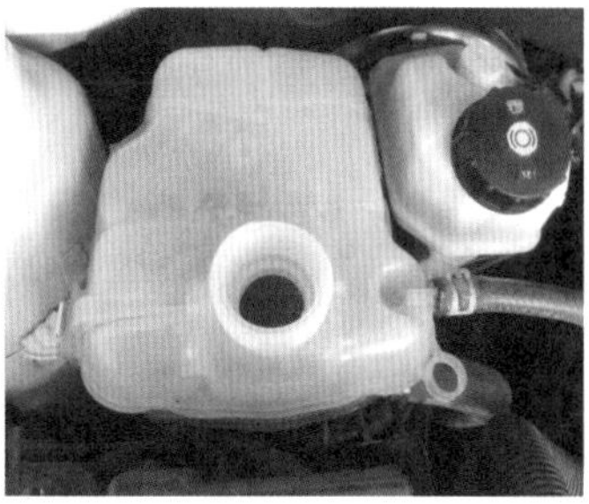	技术要求 1. 旋下散热器盖 2. 注意热车后散热器压力会增加，防止烫伤

续表

作业内容	图　解	技术规范
15. 冷却系统压力测试	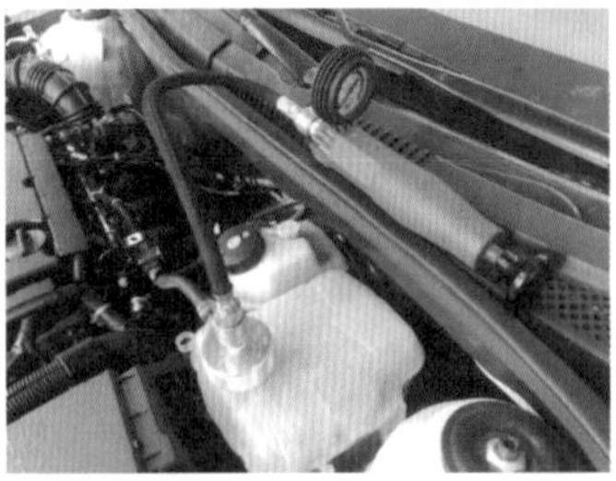	技术要求 1. 安装好测试器 2. 给系统加压至 0.15 MPa 3. 等待 5 min，压力不变，则冷却系统压力正常
16. 散热器盖压力测试	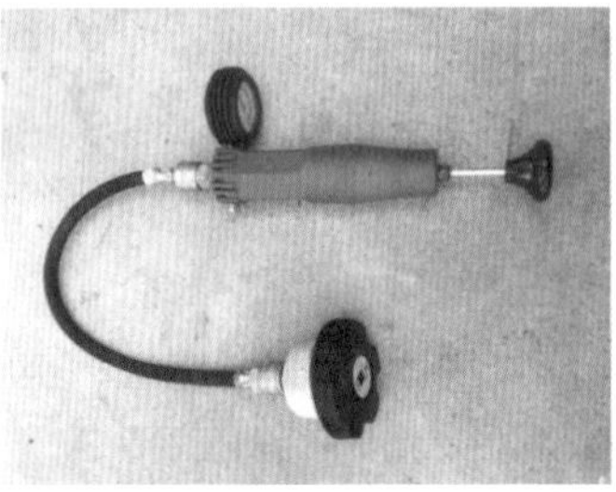	技术要求 1. 安装好测试器 2. 给散热器盖加压至 0.15 MPa 3. 等待 5 min，压力不变，则散热器盖压力正常
17. 旋上散热器盖		技术要求 1. 工具归位 2. 旋上散热器盖
18. 收起尾气抽排管		技术要求 1. 用双手将抽气管从排气管上脱离 2. 将排气管挂到规定挂钩上或摆在规定位置
19. 5S 工作		技术要求 1. 收起翼子板布、前格栅布，放到规定位置，盖上发动机舱盖 2. 收起三件套，丢弃至指定垃圾箱 3. 拔出钥匙，锁好车门，钥匙放回指定位置 4. 清洁车辆、地面及工具

续表

作业内容	图　　解	技 术 规 范
20. 填写工作表单		技术要求 1. 完成的项目在工作表单中确认 2. 正常的打“√”，有问题的打“×” 3. 有数据记录的记录相关数据 4. 有疑问的做好相关记录

任务4 底盘系统的检查与维护

完成本学习任务后，你应当能：

(1)对转向机构进行检查与维护。

(2)对制动管路进行检查与维护。

(3)对传动系统进行检查与维护。

(4)对车架、悬架重要螺栓进行检查与维护。

建议完成本学习任务为6学时。

相关知识

一、转向机构的重要性

用来改变或保持汽车行驶或倒退方向的一系列装置称为汽车转向系统。汽车转向系统的功能就是按照驾驶人的意愿控制汽车的行驶方向。汽车转向系统对汽车的行驶安全至关重要，因此汽车转向系统的零件都称为保安件。汽车转向系统是确保汽车安全必须要重视的系统之一。

二、制动管路的重要性

制动管路包括钢管和柔性软管，用接头连接到一起，作用是将从主缸取得的制动液传递到各个车轮制动器。管路泄漏会使得制动系统出现故障，因此，制动管路是系统中相当重要的部件，必须注意检查和维护。

三、传动系统的重要性

传动系统将发动机发出的动力传给汽车的驱动车轮，产生驱动力，使汽车能以一定速度行驶。

四、车架、悬架重要螺栓的重要性

螺栓是利用数学和物理学原理，循序渐进地紧固器物机件的工具。车辆上利用螺栓把各个零部件紧密地连接在一起，使得汽车可以可靠地行驶。

任务实施

1. 工作任务

底盘系统的检查与维护。

2. 任务准备

(1)工作场景：理实一体化教室。

(2)主要设备：教学用车(科鲁兹)、举升机、手电筒。

(3)辅助设备：三件套、抹布、手套、白板、卡片纸、双面胶等。

(4)配件耗材：无。

3. 实施步骤(表3-4-1)

表3-4-1 底盘系统的检查与维护

作业内容	图解	技术规范
1. 车辆基本防护和安全检查		**技术要求** 1. 用遥控钥匙解锁，打开车门 2. 依次安装好地板垫、方向盘套和座椅套，检查挡位是否在空挡或P挡，拉起驻车制动器手柄 3. 依次安装好前格栅布和翼子板布 4. 安装好车轮挡块 **安全警告** 禁止用拿钥匙的手打开车门，以防刮伤车门

续表

作业内容	图　　解	技术规范
2. 举升车辆至最高位		技术要求 1. 安装好举升垫块 2. 举升前、中要大声提醒并注意观察，确保安全 3. 到位后安全锁止，关闭电源开关 安全警告 发现举升异常，立即停止
3. 检查制动软管		技术要求 1. 用手摸并观察 2. 有无扭曲、裂纹、凸起 3. 检查是否松动和摆动
4. 检查制动管路管接头处	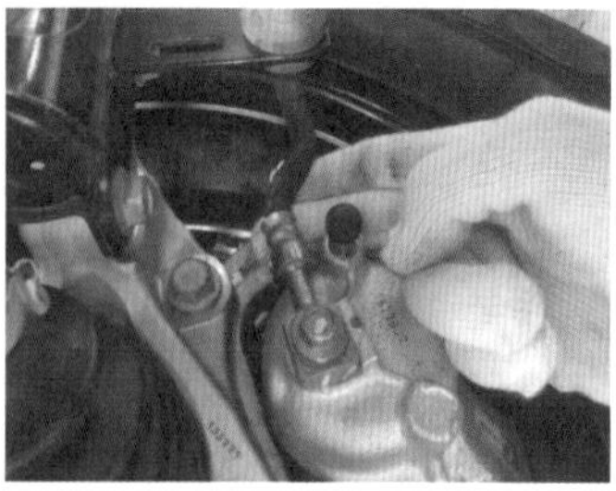	技术要求 1. 用手去摸并观察 2. 有无泄漏、损坏
5. 检查制动管路		技术要求 1. 用手去摸并观察 2. 检查有无裂纹、损坏、压痕 3. 检查安装是否牢固
6. 检查放气螺钉护罩	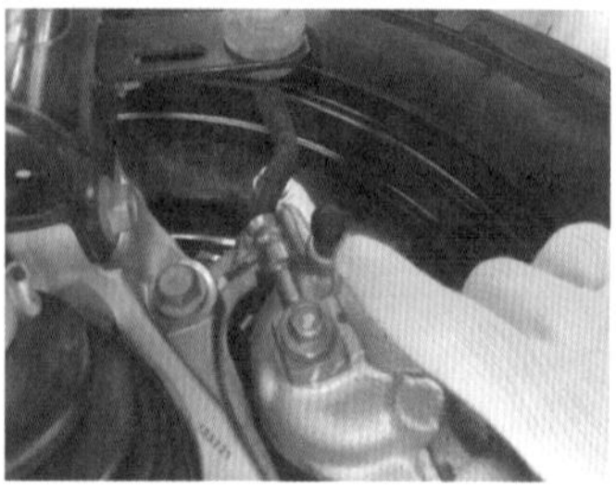	技术要求 螺钉护罩是否老化、松动、损坏

续表

作业内容	图 解	技术规范
7. 紧固前横梁与车身螺栓		技术要求 1. 使用扭力扳手调到规定扭矩 2. 紧固螺栓(右手拖住扭力扳手，左手拉)
8. 紧固后横梁与减振器螺栓		技术要求 1. 使用扭力扳手调到规定扭矩 2. 紧固螺栓(右手拖住扭力扳手，左手拉)
9. 检查转向连接机构	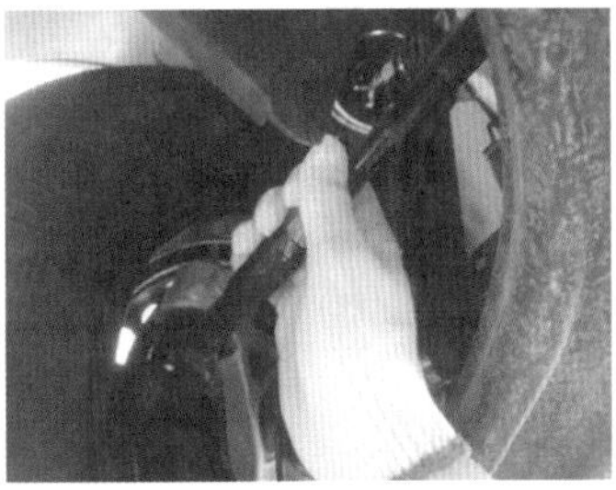	技术要求 1. 双手握紧并观察 2. 检查有无损坏、弯曲、裂纹等 3. 检查是否松动 (左、右前轮检查一样)
10. 检查转向节	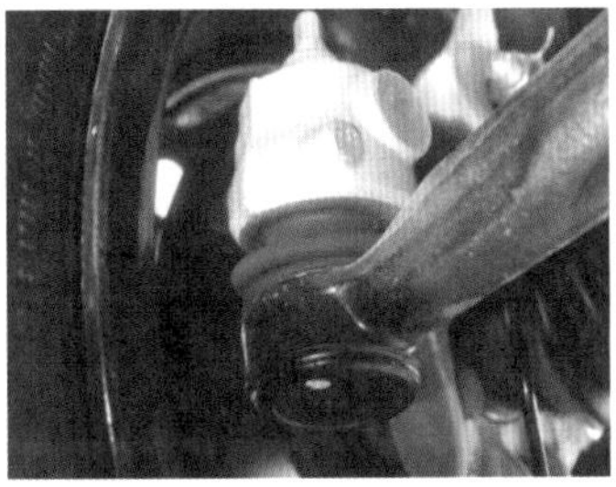	技术要求 1. 用手摸并观察 2. 检查是否松动 3. 防尘套是否损坏 (左、右前轮检查一样)
11. 检查稳定杆	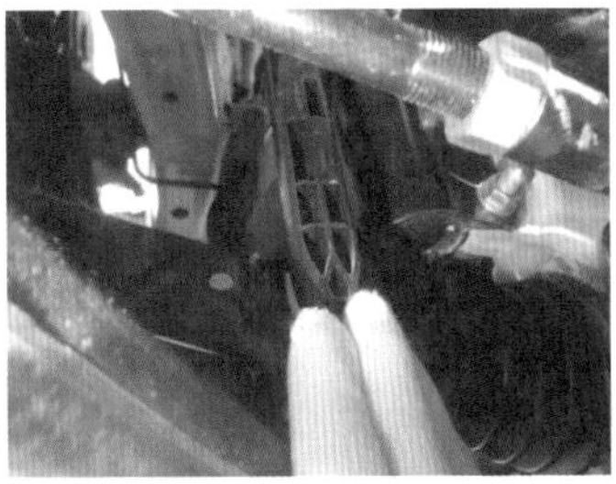	技术要求 1. 双手握紧晃动并观察是否松动 2. 检查是否损坏

续表

作业内容	图　解	技术规范
12. 检查驱动轴护套	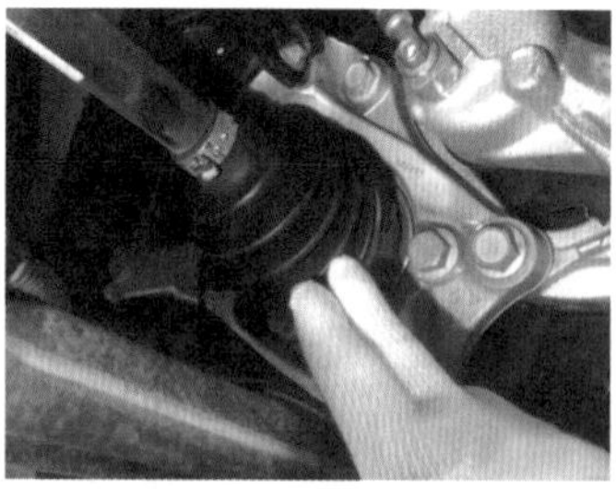	技术要求 1. 偏转车轮 2. 边旋转车轮边观察其内侧和外侧护套 3. 检查是否有裂纹、损坏、泄漏等（左、右前轮检查一样） 4. 传动轴有无弯曲、松动现象
13. 降下举升机至最低位		技术要求 1. 降下前、中要大声提醒并注意观察，确保安全 2. 举升机回到初始位置，关闭电源开关 3. 实施驻车制动 安全警告 发现举升异常，立即停止
14. 检查转向器和转向机构		技术要求 1. 左右打方向盘 2. 转向轻便、灵活，转向无卡滞 3. 锁止限位功能正常
15. 5S工作		技术要求 1. 收起翼子板布、前格栅布，放到规定位置，盖上发动机舱盖 2. 收起三件套，丢弃至指定垃圾箱 3. 拔出钥匙，锁好车门，钥匙放回指定位置 4. 清洁车辆、地面及工具
16. 填写工作表单	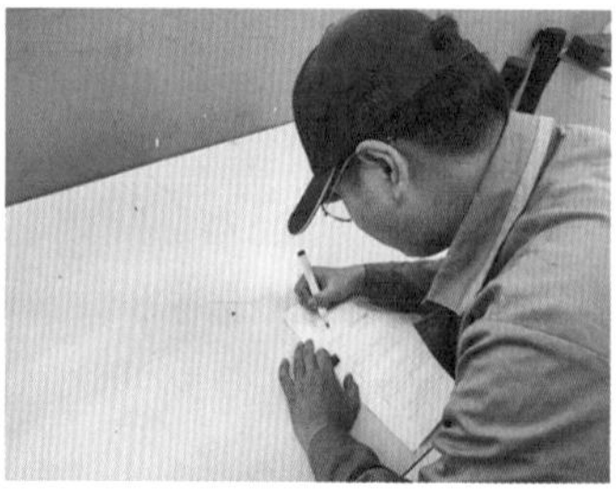	技术要求 1. 完成的项目在工作表单中确认 2. 正常的打“√”，有问题的打“×” 3. 有数据记录的记录相关数据 4. 有疑问的做好相关记录

任务5　蓄电池的检查与维护

任务目标

完成本学习任务后，你应当能：

(1)进行蓄电池外观检查与维护。

(2)测量蓄电池的开路电压和充电电压。

(3)进行蓄电池的更换。

(4)进行蓄电池的补充充电。

建议完成本学习任务为4学时。

相关知识

一、蓄电池检查与维护的重要性

蓄电池是汽车电力系统中重要的配件，它起到为车辆上的所有用电设备供电的作用。那么，在使用过程中及时了解和掌握蓄电池的检查和维护方法，分析蓄电池的常见故障，对延长蓄电池的使用寿命，保持汽车良好的工作性能有着重要的意义。免维护蓄电池如图3-5-1所示。

图3-5-1　免维护蓄电池

二、蓄电池检查与维护的基本周期

汽车蓄电池的寿命一般在3年左右，如果使用和维护得当的话，可以使用到4年以上也是没有问题的。如果使用和维护不当，会缩短蓄电池的使用年限。所以正确使用汽车蓄电池是非常重要的。

三、蓄电池使用注意事项

为延长蓄电池的使用寿命，避免抛锚等故障的发生，应该对蓄电池进行维护，其中应注意以下几点。

(1)检查免维护蓄电池观察窗颜色。绿色为电量充足；黑色为电量不足，需进行补充充电；灰色或淡黄色为电解液不足，因免维护蓄电池无法添加，应立即更换蓄电池。

(2)蓄电池应该在车上安放牢靠，以防在行驶中因振动而使蓄电池连线脱落，导致供电中断。

(3)保持蓄电池表面清洁。如果发现极柱上出现固体氧化物时，应及时用热水浇冲，予以清除，以免影响极柱与接线柱之间的导通性。清理干净后，将蓄电池表面擦拭干净。

(4)车辆闲置长时间不使用会导致蓄电池放电。这时应从车辆蓄电池负极接线柱断开线夹。但是要注意的是连接或断开蓄电池前，需确保点火开关已关闭。

(5)至少每月检查一次电解液的高度。对没有标志线的蓄电池，电解液加到高过极板 10～15 mm 便可；有两条红线的蓄电池，电解液不能超过上边红线，否则电解液可能外溢在正负极之间形成自放电，造成发动机不易起动，并缩短蓄电池寿命。

四、 蓄电池检查与维护的作业内容

蓄电池一级维护技术要求见表 3-5-1。

表 3-5-1　蓄电池一级维护技术要求

检测项目	检测内容	技术要求
蓄电池	检查蓄电池	液面高度符合规定，通气孔畅通，电桩、夹头清洁、牢固，免维护蓄电池电量状况指示正常

任务实施

1. 工作任务

蓄电池的检查与维护。

2. 工作准备

(1)工作场景：理实一体化教室。

(2)主要设备：教学车辆、万用表、高率放电计、工具车、手电筒、蓄电池充电器。

(3)辅助材料：翼子板布、前格栅布、三件套、抹布、手套、挂历白纸、白板笔、卡片若干、喷胶。

(4)配件耗材：蓄电池。

3. 实施步骤（表 3-5-2）

表 3-5-2　蓄电池的检查与维护

作业内容	图　解	技术规范
1. 车辆基本防护和安全检查		**技术要求** 1. 用遥控钥匙解锁，打开车门 2. 依次安装好地板垫、方向盘套和座椅套，检查挡位是否在空挡或 P 挡，拉起驻车制动器手柄 3. 依次安装好前格栅布和翼子板布 4. 安装好车轮挡块 **安全警告** 禁止用拿钥匙的手打开车门，以防刮伤车门
2. 检查蓄电池端子导线是否松动	检查端子导线是否松动	**技术要求** 1. 如果蓄电池端子导线有松动现象，应按照规定扭矩进行紧固 2. 科鲁兹紧固扭矩为 9 N·m **安全警告** 紧固正极极柱时，扳手严禁与车身金属相碰
3. 检查蓄电池桩头是否腐蚀	检查电极柱是否腐蚀	**技术要求** 如果蓄电池桩头有氧化物或者腐蚀，应进行清理

续表

作业内容	图　解	技术规范
4. 检查蓄电池盒	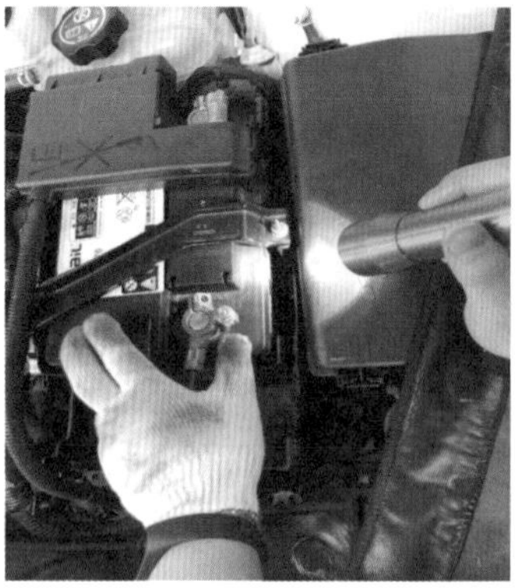	技术要求 检查蓄电池盒是否损坏；检查蓄电池盒是否有裂纹或者渗漏，如有则更换 安全警告 小心渗漏的电解液与皮肤接触，一旦接触要用大量清水冲洗
5. 检测蓄电池端电压	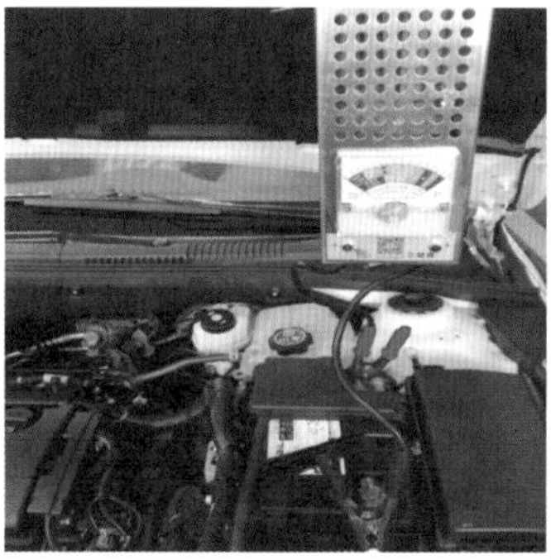	技术要求 1. 测量时将放电叉的两触针紧压在蓄电池的正负极桩上，观察指针所指的位置 2. 如果指针指在白色区域表明电已充足，指在绿色区域表明正常，指在黄色区域表明要重充，指在红色区域表明电已放完 3. 使用该仪器检查蓄电池的放电程度时，测量的时间不能超过 5 s
6. 用万用表测量蓄电池的开路电压		技术要求 将万用表置直流适当挡位，万用表的正表笔接蓄电池的正极端，负表笔接负极端。读出指示电压值，正常值应在 12 V 以上 安全警告 如果电压值低于 12 V，表明蓄电池已放电，需进行补充充电

续表

作业内容	图　解	技术规范
7. 用万用表测量蓄电池的充电电压		技术要求 1. 将万用表置直流适当挡位，万用表的正表笔接蓄电池的正极端，负表笔接负极端 2. 在进行充电电压检测时，发动机怠速情况下正常电压应处于12.6～15.0 V
8. 蓄电池的更换		技术要求 先断开蓄电池的负极电缆 安全警告 拆下来的蓄电池负极要充分分离，防止在操作过程中再次连接，导致火花的产生
9. 解开蓄电池保险丝盒上的凸舌	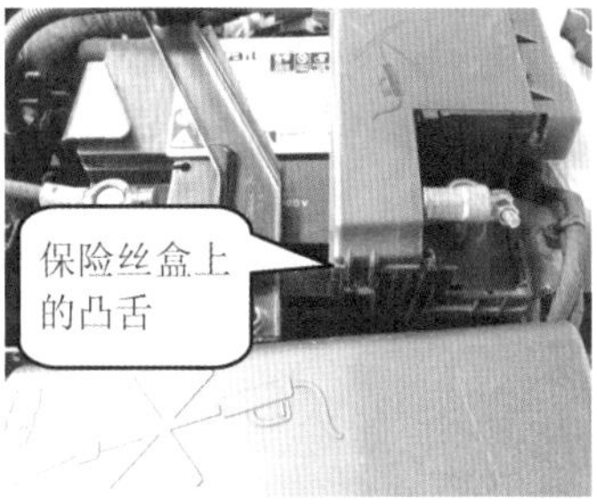	技术要求 1. 拆卸过程中要将卡口先拉起，之后再打开 2. 拆卸过程中不要硬拉，防止损坏凸舌 安全警告 拆卸过程中一定要戴手套，防止手划伤
10. 松开蓄电池正极电缆螺母		技术要求 1. 选用10号套筒和小棘轮扳手进行拆卸 2. 拆卸过程中注意棘轮扳手的旋向 安全警告 拆卸过程中一定要戴手套，防止手划伤

续表

作业内容	图　解	技术规范
11. 拆下蓄电池压板固定螺母		技术要求 1. 选用10号套筒和小棘轮扳手进行拆卸 2. 将蓄电池压板紧固件从蓄电池托架上拆下 安全警告 拆卸过程中一定要戴手套，防止手划伤
12. 拆下防护装置蓄电池托架		技术要求 1. 先松开托架上的固定凸舌 2. 拆卸过程中要注意托架上的固定位置孔，防止在装配过程中选择错误 安全警告 拆卸过程中一定要戴手套，防止手划伤
13. 拆下蓄电池	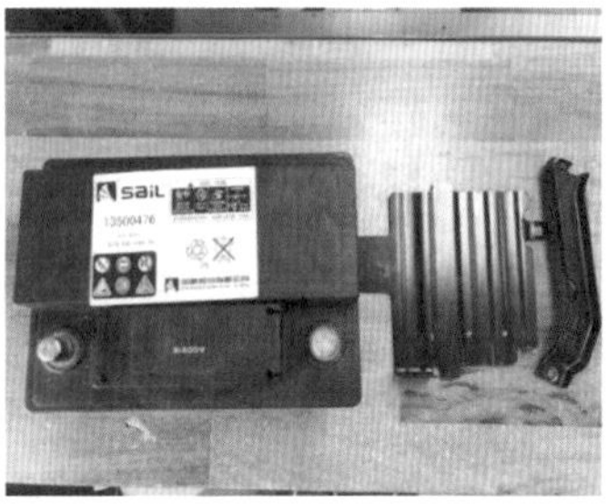	技术要求 1. 将蓄电池从固定位置中取出 2. 拆卸过程中要注意蓄电池不能倾斜，防止电解液的流出 安全警告 拆卸过程中一定要戴手套，防止手划伤
14. 更换新蓄电池		技术要求 1. 将蓄电池放到固定位置 2. 安装蓄电池正极电缆螺母，紧固正极螺母，规定扭矩为9 N·m 3. 安装蓄电池压板固定螺母，规定扭矩为9 N·m 4. 安装防护装置蓄电池托架 5. 检查是否牢固，确认之后将蓄电池盒保险丝盒盖盖好

续表

作业内容	图　解	技术规范
15. 蓄电池的补充充电		技术要求 1. 充电器正负极按照先正后负的要求与车载蓄电池相连接，拆卸时先负后正 2. 充电电流一般选择为 15 A 左右 安全警告 1. 在连接充电器之前一定要确保开关处于关闭状态 2. 按照蓄电池要求正确选择充电电压、电流挡位
16. 5S 工作		技术要求 1. 依次收起方向盘套、座椅套、地板垫 2. 将能使用的干净且完好的三件套叠放整齐，放在规定备件车中(教学中采用，低碳环保) 3. 已损坏的分类丢弃到垃圾桶 4. 整理好翼子板布和前格栅布，放好挡块 5. 清洁车身与工具车

工匠精神

3. 精益。精益就是精益求精，是从业者对每件产品、每道工序都凝神聚力、精益求精、追求极致的职业品质。所谓精益求精，是指已经做得很好了，还要求做得更好，“即使做一颗螺丝钉也要做到最好”。正如老子所说，“天下大事，必作于细”。能基业长青的企业，无不是精益求精才获得成功的。

项目 PROJECT 4

汽车二级维护

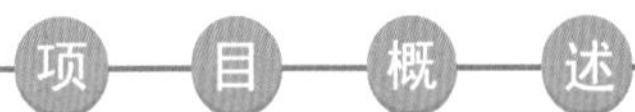

汽车的二级维护主要以检查、调整转向节、转向摇臂、制动蹄片、悬架等经过一定时间的使用容易磨损或变形的安全部件为主，并拆检轮胎，进行轮胎换位，检查调整发动机工作状况和排气污染控制装置等。做好二级维护，是践行服务人民、生命至上、绿色生产理念的具体体现。

本项目包含了10个基本学习任务：任务1，车载诊断系统的规范检查；任务2，发动机工作状态的规范检查；任务3，发动机传动带的规范检查和调整；任务4，进、排气歧管和排气管的规范检查；任务5，火花塞、高压线的检查与更换；任务6，制动器、离合器踏板的检查与调整；任务7，盘式制动器的检查与调整；任务8，鼓式制动器的检查与调整；任务9，轮胎换位；任务10，排气污染物的检测。

通过本项目的学习，你要在知识、技能、行为习惯、职业素养等方面达到以下相关要求。

序号	学习内容（知识、技能、行为习惯、职业素养）	评价标准			
		了解知道	理解掌握	指导下操作	独立操作
1	车载诊断系统的规范检查			√	
2	发动机工作状态的规范检查			√	
3	发动机传动带的规范检查和调整	√			
4	进、排气歧管和排气管的规范检查				√
5	火花塞、高压线的检查与更换			√	
6	制动器、离合器踏板的检查与调整			√	
7	盘式制动器的检查与调整			√	
8	鼓式制动器的检查与调整				√
9	轮胎换位			√	
10	排气污染物的检测				√

任务1 车载诊断系统的规范检查

任务目标

完成本学习任务后，你应当能：

(1)使用KT600等常用诊断仪。

(2)使用诊断仪读取、清除故障码。

(3)读取数据流。

(4)进行动作测试。

建议完成本学习任务为2学时。

相关知识

一、车载诊断系统检查的重要性

车载诊断系统(OBD)的作用是对发动机的运行状况进行实行监控。当汽车尾气超标时，会马上发出警示。当系统出现故障时，故障灯或发动机警告灯点亮，同时动力总成控制模块(PCM)将故障信息存入存储器，通过一定的程序可以将故障码从PCM中读出。根据故障码的提示，维修人员能迅速准确地确定故障的性质和部位，从而确定维修方案，缩短故障排除的时间。

二、车载诊断系统检查与维护的基本周期

二级维护作业项目包括基本作业项目和附加作业项目，二级维护作业时一并进行。二级维护前应进行进厂检测，依据进厂检测结果进行故障诊断并确定附加作业项目。二级维护作业过程中发现的维修项目也应作为附加作业项目。进厂检测包括规定的检测项目以及根据驾驶人反映的车辆技术状况确定的检测项目。

三、车载诊断系统规范检查的作业内容

二级维护规定的进厂检查项目见表4-1-1。

表 4-1-1　二级维护规定的进厂检查项目

检测项目	检测内容	技术要求
故障诊断	车载诊断系统的故障信息	装有车载诊断系统的车辆，不应有故障信息

任务实施

1. 工作任务

车载诊断系统的规范检查。

2. 工作准备

(1)工作场景：理实一体化教室。

(2)主要设备：教学车辆、工具车、KT600 诊断仪。

(3)辅助材料：翼子板布、前格栅布、三件套、抹布、手套、白板笔、卡片、喷胶。

(4)配件耗材：无。

3. 实施步骤（表 4-1-2）

表 4-1-2　车载诊断系统的规范检查

作业内容	图　解	技 术 规 范
1. 车辆基本防护和安全检查		技术要求 1. 用遥控钥匙解锁，打开车门 2. 依次安装好地板垫、方向盘套和座椅套，检查挡位是否在空挡或 P 挡，拉起驻车制动器手柄 3. 依次安装好前格栅布和翼子板布 4. 安装好车轮挡块 安全警告 禁止用拿钥匙的手打开车门，以防刮伤车门

续表

作业内容	图　　解	技 术 规 范
2. 连接KT600 与车辆的 OBD Ⅱ接口		技术要求 关闭点火开关，连接 KT600 与车辆的 OBDⅡ接口 特别提醒 1. 连接时必须注意 OBDⅡ的诊断接口有大小头，严禁插反 2. 必须打开点火开关，否则诊断仪进入不了系统
3. 打开KT600 诊断仪电源		技术要求 1. 长按 KT600 电源，开机进入诊断仪主界面 2. 打开点火开关 3. 光标停留在“汽车诊断”界面，按“OK”键即可进入下一个界面 4. 诊断仪自带电源，与车辆连接之后即同时在给诊断仪充电 5. 可触屏，也可点击上下箭头移动光标 6.“ESC”为退出键，点击可退出当前界面
4. 选择车系	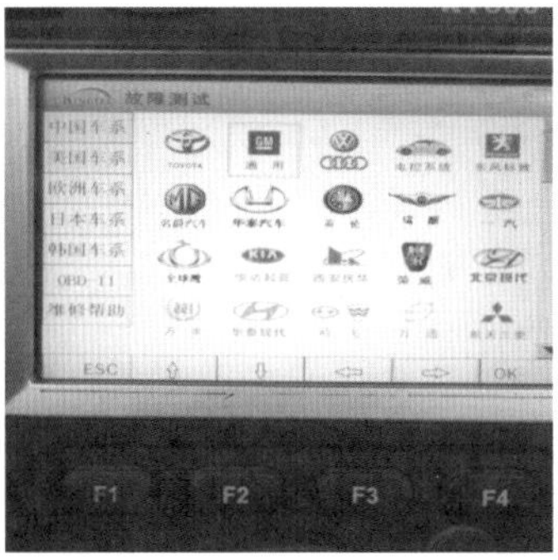	技术要求 选择通用车系

续表

作业内容	图　　解	技 术 规 范
5. 选择年份		**技术要求** 按照 VIN 码的第 10 位进入生产年份 **特别提醒** 1. 如果不知道 VIN 码第 10 位的具体年份，也可以到车门 B 柱去寻找 2. 移动上下箭头可移动光标
6. 选择生产商与车型		**技术要求** 1. 分别按“OK”键进入雪佛兰和科鲁兹 2. 移动上下箭头光标可移动(也可触屏)
7. 选择动力总成进入发动机控制模块		**技术要求** 分别按“OK”键进入动力总成和发动机控制模块

续表

作业内容	图　解	技 术 规 范
8. 选择发动机和计算机接口类型		技术要求 1. 根据车辆选择发动机类型“1.6 L L4 LDE” 2. 移动上下箭头或触摸选择发动机计算机接口类型“Face Mounted Connectors”
9. 选择变速器类型		技术要求 根据车辆正确选择变速器类型
10. 进入读取故障码/清除故障码/读取数据流等主界面		技术要求 1. 按“OK”键进入读取故障码 2. 再次按“OK”键进入 DTC 显示屏读取当前故障码 3. 按“ESC”退出键，上下移动光标至“清除故障码”后再次按“OK”键，也可在 DTC 显示屏中直接触摸清除 4. 起动车辆，再次读取故障码 特别提醒 1. 起动前注意做好车辆防护及起动安全 2. 每次起动时间不能超过 5 s，每次起动间隔 15 s

续表

作业内容	图　　解	技术规范
11. 读取数据流	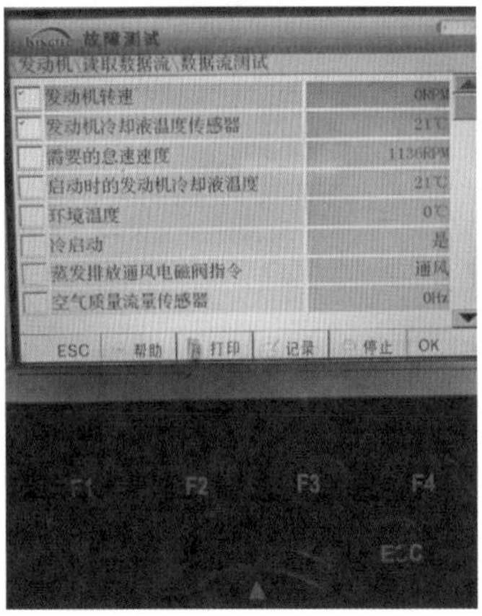	技术要求 1. 光标移至“读取数据流”界面按“OK”键进入数据流的主界面，进入发动机数据界面 2. 再次按“OK”键便会显示所有数据流的值 3. 可触摸上下翻页，也可点击左右箭头翻页 4. 若要将某个数据流总是显示在界面的前面，可触摸点击最左端的空心格，打“√”即可
12. 进行动作测试	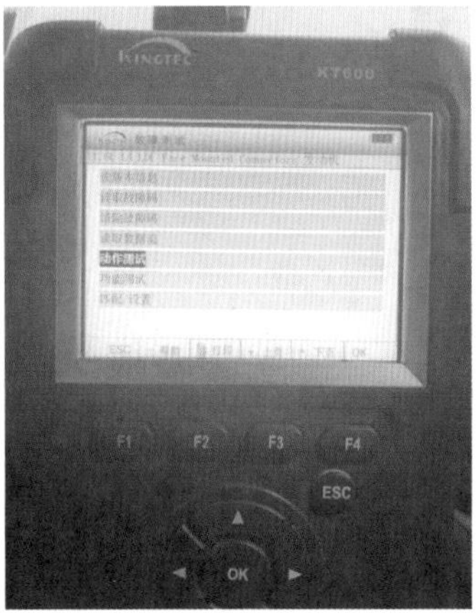	技术要求 1. 退出读取数据流页面，选择动态测试模式 2. 根据需要选择相应的控制系统，点击开启指令就可以显示系统是否执行
13. 系统退出		技术要求 1. 按“ESC”退出到初始界面之后关闭诊断仪电源 2. 关闭电源之后才可以断开车载诊断接口

续表

作业内容	图　解	技术规范
14. 5S 工作		技术要求 1. 依次收起方向盘套、座椅套、地板垫 2. 将能使用的干净且完好的三件套叠放整齐，放在规定备件车中（教学中采用，低碳环保） 3. 已损坏的分类丢弃到垃圾桶中 4. 整理好翼子板布和前格栅布，放好挡块 5. 清洁车身与工具车

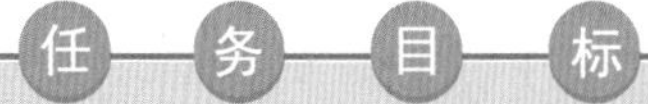

发动机工作状态的规范检查

任务目标

完成本学习任务后，你应当能：

(1)检查发动机起动、运转、停机等工作状况。

(2)检查燃油蒸发装置的工作情况。

(3)检查曲轴箱通风装置的工作情况。

建议完成本学习任务为2学时。

相关知识

一、发动机工作状态检查的重要性

发动机工作状态在保证汽车动力性和经济性指标方面起到重要作用。本书介绍了运用先进的汽车诊断专用设备对发动机的各项主要状态参数进行分析、处理的方法和步骤，以实现提高汽车发动机使用的安全性、增加经济性的目的。

二、发动机工作状态的规范检查周期

一般发动机工作状态检查，是在发动机故障灯点亮或者在驾驶人驾驶过程中发现异常时进行的。但是由于故障码只是汽车电子控制单元(ECU)认定的一个“有”和“无”的判定，当出现信号偏差较大或者信号偏差没超过标准范围、传感器灵敏度下降、执行器短路或者断路的情况时，汽车电子控制单元将不能记录故障码，无法对故障做出诊断。而通过记录车辆的实时动态数据，运用数据流分析法全面分析车辆的各个传感器和执行器的输入、输出信号的瞬时数据和工作状态，可准确找出汽车故障部位和原因，尽快制定出合理的维修方案。

三、发动机工作状态的规范检查作业内容

发动机工作状态的规范检查作业内容见表4-2-1。

表 4-2-1　发动机工作状态的规范检查作业内容

序号	作业项目	作业内容	技术要求
1	发动机工作状况	检查发动机起动性能	起动性能良好，停机装置功能有效
		检查发动机运转情况	低、中、速运转稳定，无异响
2	燃油蒸发控制装置	检查外观，检查装置是否通畅，视情更换	碳罐及管路外观无损坏、密封良好、连接可靠，装置畅通无堵塞
3	曲轴箱通风装置	检查外观，检查装置是否通畅，视情更换	管路及阀体外观无损坏、密封良好、连接可靠，装置畅通无堵塞

任务实施

1. 工作任务

发动机工作状态的规范检查。

2. 工作准备

(1)工作场景：理实一体化教室。

(2)主要设备：教学车辆、手电筒、工具车。

(3)辅助材料：翼子板布、前格栅布、三件套、抹布、手套。

(4)配件耗材：无。

3. 实施步骤（表 4-2-2）

表 4-2-2　发动机工作状态的规范检查

作业内容	图　解	技术规范
1. 车辆基本防护和安全检查		**技术要求** 1. 用遥控钥匙解锁，打开车门 2. 依次安装好地板垫、方向盘套和座椅套，检查挡位是否在空挡或 P 挡，拉起驻车制动器手柄 3. 依次安装好前格栅布和翼子板布 4. 安装好车轮挡块 **安全警告** 禁止用拿钥匙的手打开车门，以防刮伤车门

续表

作业内容	图　解	技 术 规 范
2. 打开点火开关		技术要求 1. 打开点火开关，系统开始进行自检 2. 检查所有警告灯、发动机故障指示灯、机油压力指示灯等
3. 起动发动机		技术要求 1. 起动发动机后，发动机指示灯应能正常熄灭 2. 低速时运转是否稳定，有无异响 安全警告 起动之前确保发动机挡位置于 P 位，驻车制动器手柄拉起
4. 加速		技术要求 高速时发动机运转是否稳定，有无异响
5. 发动机熄火		技术要求 熄灭发动机时各指示灯无明显变化，指针置于起始位置
6. 检查燃油蒸发控制装置	 检查燃油蒸发控制器	技术要求 用手电筒配合，目视并用手捏检查外观有无损坏、密封是否良好、管路连接状态是否良好

续表

作业内容	图 解	技术规范
7. 检查曲轴箱通风装置		技术要求 用手电筒配合，目视检查管理表面有无损坏、密封是否良好、管路连接状态是否良好
8. 5S工作		技术要求 1. 依次收起方向盘套、座椅套、地板垫 2. 将能使用的干净且完好的三件套叠放整齐，放在规定备件车中(教学中采用，低碳环保) 3. 已损坏的分类丢弃到垃圾桶中 4. 整理好翼子板布和前格栅布，放好挡块 5. 清洁车身与工具车

任务3 发动机传动带的规范检查和调整

任务目标

完成本学习任务后，你应当能：

(1)检查传动带的磨损及老化程度。

(2)检查传动带的松紧度。

(3)调整传动带的松紧度。

建议完成本学习任务为2学时。

相关知识

一、正时带检查与维护的重要性

正时带(图4-3-1)是发动机配气系统的重要组成部分，通过与曲轴的连接并配合一定的传动比来保证进、排气时间的准确。当发动机运转时，确保活塞的行程(上下的运动)、气门的开启与关闭(时间)、点火的顺序(时间)，时刻保持同步运转。

所以，对其定期检查与维护可避免由于正时带损坏而造成车辆无法正常运转。

图4-3-1　正时带

二、正时带检查与维护的基本周期（表4-3-1）

表4-3-1　正时带检查与维护的基本周期

保养操作	维护周期
正时带及带张紧轮	每60 000 km更换
传动带	每10年/150 000 km更换

三、发动机传动带检查与维护的作业内容

发动机传动带检查与维护的作业内容见表4-3-2。

表 4-3-2　发动机传动带检查与维护的作业内容

作业项目	作业内容	技术要求
发动机传动带	检查空压机、水泵、发电机、空调机组和正时传动带磨损及老化程度，视情况调整传动带松紧度	按规定里程或时间更换传动带。传动带无裂痕和过量磨损，表面无油污，松紧度符合规定

任务实施

1. 工作任务

发动机传动带的规范检查和调整。

2. 工作准备

(1)工作场景：理实一体化教室。

(2)主要设备：教学车辆、手电筒、工具车。

(3)辅助材料：翼子板布、前格栅布、三件套、抹布、手套。

(4)配件耗材：无。

3. 实施步骤（表 4-3-3）

表 4-3-3　发动机传动带的规范检查和调整

作业内容	图　解	技 术 规 范
1. 车辆基本防护和安全检查		**技术要求** 1. 用遥控钥匙解锁，打开车门 2. 依次安装好地板垫、方向盘套和座椅套，检查挡位是否在空挡或 P 挡，拉起驻车制动器手柄 3. 依次安装好前格栅布和翼子板布 4. 安装好车轮挡块 **安全警告** 禁止用拿钥匙的手打开车门，以防刮伤车门

续表

作业内容	图　解	技术规范
2. 检查传动带		技术要求 用手电筒配合，目视检查传动带有无损坏、变形、裂纹、脱层
3. 检查传动带张紧力		技术要求 1. 用手指压测压偏移量 2. 偏移量在 8～10 mm
4. 检查正时带		技术要求 用手电筒配合，目视检查正时带有无损坏、变形、裂纹、脱层
5. 检查正时带张紧力	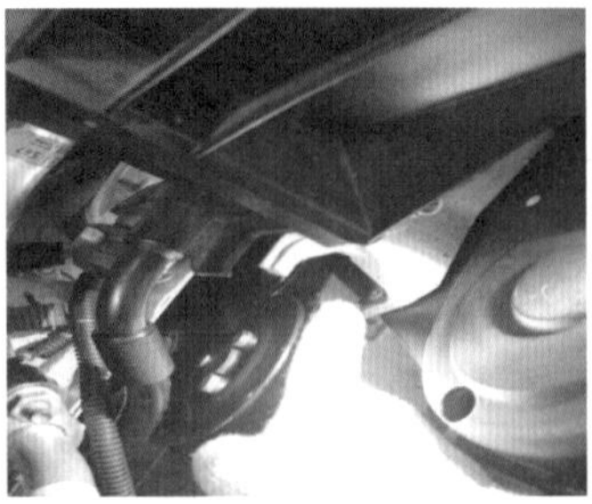	技术要求 1. 用手指压测压偏移量 2. 偏移量在 8～10 mm

续表

作业内容	图　　解	技术规范
6.5S工作		技术要求 1. 依次收起方向盘套、座椅套、地板垫 2. 将能使用的干净且完好的三件套叠放整齐，放在规定备件车中(教学中采用，低碳环保) 3. 已损坏的分类丢弃到垃圾桶中 4. 整理好翼子板布和前格栅布，放好挡块 5. 清洁车身与工具车

任务4 MISSION 4 进、排气歧管和排气管的规范检查

任务目标

完成本学习任务后，你应当能：

(1)检查进、排气歧管的外观和密封情况。

(2)检查三元催化转器、消声器、排气管的外观和密封性情况。

(3)检查排气管吊挂的安装情况。

建议完成本学习任务为2学时。

相关知识

一、进气歧管规范检查的重要性

对于节气门体汽油喷射式发动机，进气歧管(图4-4-1)指的是节气门体之后到气缸盖进气道之前的进气管路。其功用是将空气、燃油混合气由节气门体分配到各缸进气道。对于气道燃油喷射式发动机，进气歧管只是将洁净的空气分配到各缸进气道。进气歧管必须将空气、燃油混合气或洁净空气尽可能均匀地分配到各个气缸，为此进气歧管内气体流道的长度应尽可能相等。

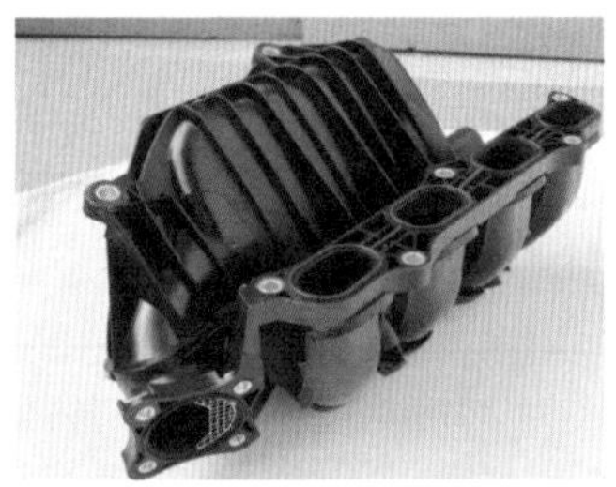

图4-4-1 进气歧管

二、排气歧管规范检查的重要性

汽车排气歧管(图4-4-2)的作用是收集各个气缸排出的废气，通过排气管和消声器，然后排到大气中。对汽车排气歧管的要求是排气时要减少排气阻力。当某个管子向外排气时，碰到来自其他缸进来的未排净的废气，就会发生碰撞，产生排气阻力。所以排气歧管的各个缸需要有分支，并且各缸之间要尽量分开，以减少排气阻力。在进行排气歧管检查时要发现各分支是否有损坏、漏气现象，若有损坏、漏气现象需及时处理，以免影响发动机的输出功率。

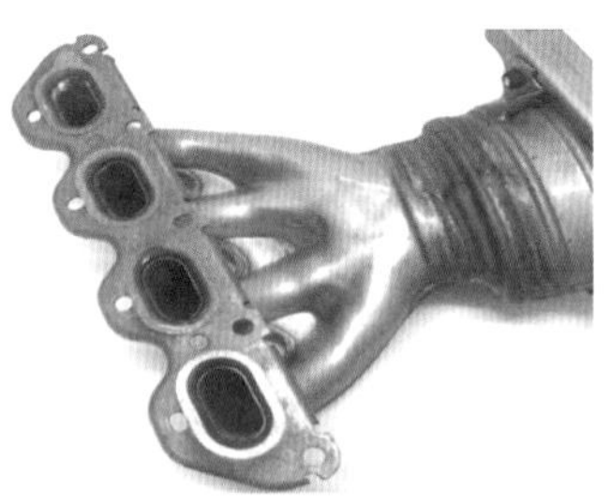

图4-4-2 排气歧管

三、排气管的作用

汽车排气波纹管又称汽车排气管软管，它安装于发动机排气歧管和消声器之间的排气管(图 4-4-3)中，使整个排气系统呈挠性连结，从而起到减振降噪、方便安装和延长排气消声系统寿命的作用。排气管主要用于轻型车、微型车和客车，其结构是双层波纹管外覆钢丝网套，两端直边段外套卡环，为使消声效果更佳，波纹管内部可配伸缩节或网套。

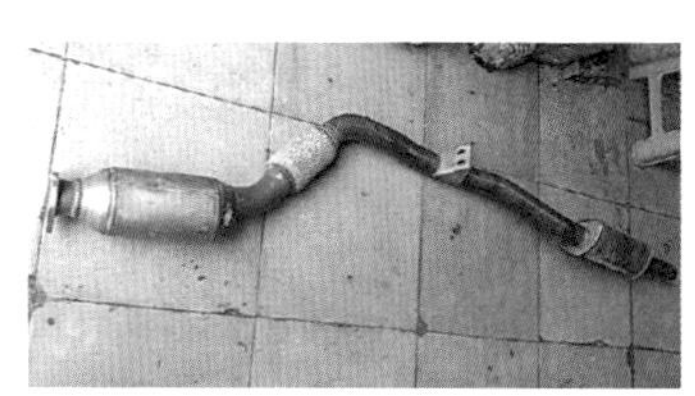

图 4-4-3　排气管

四、进、排气歧管和排气管检查与维护的基本周期

以 1.6 L 科鲁兹为例：4 万千米或两年。

五、进、排气歧管和排气管检查与维护的作业内容

进、排气歧管和排气管检查与维护的作业内容见表 4-4-1。

表 4-4-1　进、排气歧管和排气管检查与维护的作业内容

作业项目	作业内容	技术要求
进、排气歧管，排气管	检查进、排气歧管，消声器，排气管，三元催化转换器	外观无损坏，无裂痕，消声器功能良好

任务实施

1. 工作任务

进、排气歧管和排气管的规范检查。

2. 工作准备

(1)工作场景：理实一体化教室。

(2)主要设备：教学车辆、手电筒、工具车。

(3)辅助材料：翼子板布、前格栅布、三件套、抹布、手套。

(4)配件耗材：无。

3. 实施步骤（表 4-4-2）

表 4-4-2　进、排气歧管和排气管的规范检查

作业内容	图　解	技术规范
1. 车辆基本防护和安全检查		技术要求 1. 用遥控钥匙解锁，打开车门 2. 依次安装好地板垫、方向盘套和座椅套，检查挡位是否在空挡或 P 挡，拉起驻车制动器手柄 3. 依次安装好前格栅布和翼子板布 4. 安装好车轮挡块 安全警告 禁止用拿钥匙的手打开车门，以防刮伤车门
2. 检查进气歧管总成	检查进气歧管总成	技术要求 1. 用手电筒配合，目视检查总成表面是否有损坏、泄漏 2. 用手去晃动，检查安装是否有松动
3. 检查排气歧管总成	检查排气歧管总成	技术要求 1. 用手电筒配合，目视检查总成表面是否有损坏、泄漏 2. 检查密封垫圈是否有水渍 安全警告 由于温度高，检查过程中严禁触摸
4. 检查三元催化转换器	检查三元催化总成	技术要求 1. 用手电筒配合，目视检查总成表面是否有损坏、泄漏 2. 检查密封垫圈是否有水渍 安全警告 由于温度高，检查过程中严禁触摸

续表

作业内容	图　解	技术规范
5. 检查密封垫	 检查密封垫	技术要求 1. 用手电筒配合，目视检查前部、中部、后部密封垫 2. 检查是否损坏、泄漏，检查有无炭黑痕迹及水渍 3. 必须戴手套检查，谨防烫伤
6. 检查吊挂		技术要求 1. 用手电筒配合，目视并用手捏检查所有橡胶吊挂 2. 检查是否有损坏、老化和脱落
7. 检查消声器		技术要求 1. 用手电筒配合，目视检查 2. 检查是否有损坏、泄漏，检查有无炭黑痕迹及水渍
8. 检查排气管		技术要求 1. 用手电筒配合，目视检查前部、中部、后部排气管 2. 检查是否有损坏、泄漏，检查有无炭黑痕迹及水渍 安全警告 由于温度高，检查过程中严禁触摸

续表

作业内容	图　　解	技术规范
9.5S工作		技术要求 1. 依次收起方向盘套、座椅套、地板垫 2. 将能使用的干净且完好的三件套叠放整齐，放在规定备件车中（教学中采用，低碳环保） 3. 已损坏的分类丢弃到垃圾桶中 4. 整理好翼子板布和前格栅布，放好挡块 5. 清洁车身与工具车

任务 5　火花塞、高压线的检查与更换

任务目标

完成本学习任务后，你应当能：

(1)拆装火花塞。

(2)检查火花塞间隙、积炭和烧蚀情况。

(3)检查高压线外观及连接情况。

(4)更换高压线。

建议完成本学习任务为 4 学时。

相关知识

一、火花塞、高压线检查与维护的重要性

火花塞的作用是把高压导线送来的脉冲高压电放电，击穿火花塞两电极间的空气，产生电火花以此引燃气缸内的混合气体，完成燃烧。很多时候汽车出现的发动机起动困难，怠速不稳，加速不良，动力不足，油、气消耗量增大等现象，都是火花塞损坏导致的。因此，定期地对火花塞进行检查和维护十分重要。

二、火花塞、高压线检查与维护的基本周期

火花塞、高压线检查与维护的基本周期见表 4-5-1。

表 4-5-1　火花塞、高压线检查与维护的基本周期

保养操作	按月数	6	12	18	24
	km(×1 000)	10	20	30	40
发动机空气滤清器滤芯		○	●	○	●
火花塞		每 60 000 km 更换			

三、火花塞、高压线检查与维护的作业内容

火花塞、高压线检查与维护的作业内容见表 4-5-2。

表 4-5-2　火花塞、高压线检查与维护的作业内容

序号	作业项目	作业内容	技术要求
1	火花塞	检查火花塞间隙、积炭和烧蚀情况，按规定里程或时间更换火花塞	无积炭，无严重烧蚀现象，电极间隙符合规定
2	高压线	检查高压线外观及连接情况，按规定里程或时间更换高压线	高压线外观无破损、连接可靠

拓展知识

NGK G Power 系列火花塞(图 4-5-1)采用极细铂金中央电极(直径 0.6 mm)，接地电极采用梯形截面。采用稀有金属铂作为中央电极能避免氧化及积炭生成，具有较长的使用寿命；梯形接地电极截面让点火更稳定可靠。NGK G Power 系列火花塞具有降低油耗、降低排放以及提升动力性能的特性。

NGK Laser Iridium 系列火花塞(图 4-5-2)是一款贴牌(OEM)产品，主要对整车或发动机厂供货。此系列火花塞的中央电极采用铱金材质，在接地电极上焊接有铂金贴片。得益于铱金和铂金的耐高温、抗氧化、耐烧蚀性能，NGK Laser Iridium 系列火花塞能够为发动机提供良好的怠速性能、防止失火、节约燃油及降低排放。

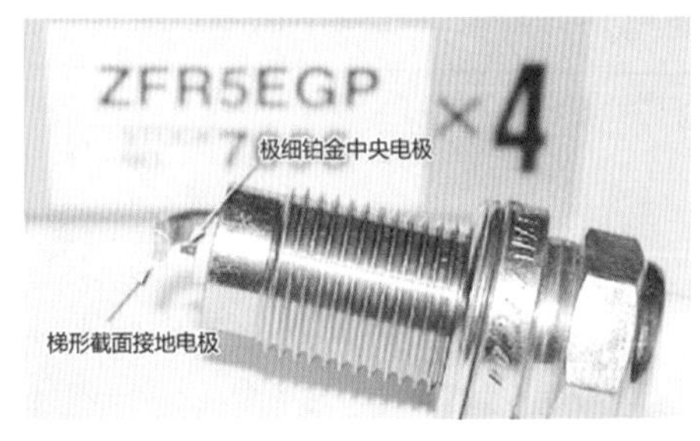

图 4-5-1　NGK G Power 系列火花塞

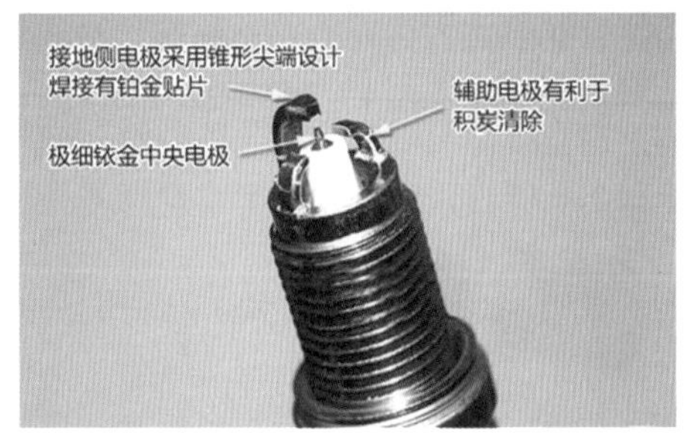

图 4-5-2　NGK Laser Iridium 系列火花塞

NGK Iridium Max 系列火花塞是 NGK 民用级产品的旗舰版，中央电极采用铱金材质，侧电极焊接有铂金贴片，在结构及性能上与专为 OEM 设计的 NGK Laser Iridium 系列较为相似。而 NGK Iridium Max 系列的部分高端型号采用了接地侧电极锥形尖端设计及增加了辅助侧电极，使得这些产品在拥有出色性能的同时提供比 NGK Laser Iridium 系列更长的 120 000 km 使用寿命。

任务实施

1. 工作任务

火花塞、高压线的检查与更换。

2. 工作准备

(1)工作场景：理实一体化教室。

(2)主要设备：教学车辆、火花塞、点火模块、工具车、塞尺。

(3)辅助材料：翼子板布、前格栅布、三件套、抹布、手套。

(4)配件耗材：火花塞、点火模块。

3. 实施步骤(表 4-5-3)

表 4-5-3　火花塞、高压线的检查与更换

作业内容	图　解	技术规范
1. 车辆基本防护和安全检查		技术要求 1. 用遥控钥匙解锁，打开车门 2. 依次安装好地板垫、方向盘套和座椅套，检查挡位是否在空挡或 P 挡，拉起驻车制动器手柄 3. 依次安装好前格栅布和翼子板布 4. 安装好车轮挡块 安全警告 禁止用拿钥匙的手打开车门，以防刮伤车门
2. 断开蓄电池负极		技术要求 用 10 号扳手旋松蓄电池负极连接螺栓，取下蓄电池负极 安全警告 蓄电池负极导线端拆卸以后应远离蓄电池负极柱，防止在操作过程中与蓄电池负极连接

续表

作业内容	图　解	技术规范
3. 拆下点火模块连接器	 拆下连接器	技术要求 1. 用手先解除连接器的闭锁装置，拆下连接器 2. 拆卸过程中要避免用力拉扯，防止连接器和导线损坏
4. 拆下点火模块固定螺栓		技术要求 1. 选用 TX40 进行拆卸，拆卸过程中注意棘轮扳手的旋向 2. 拆卸下来的螺栓整齐地放置在工作台上
5. 取下点火模块总成	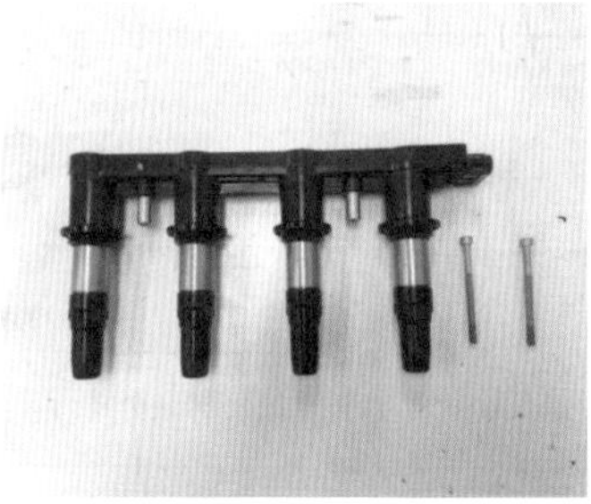	技术要求 1. 取下点火模块总成时千万不要左右晃动模块，防止损坏 2. 取模块时应该垂直向上提起
6. 取下火花塞		技术要求 1. 取下火花塞后要用一块干净的布覆盖在气缸盖上，防止有异物落入气缸内 2. 旋松过程中注意棘轮扳手的旋向，防止损坏火花塞

续表

作业内容	图 解	技术规范
7. 检查接线柱是否损坏	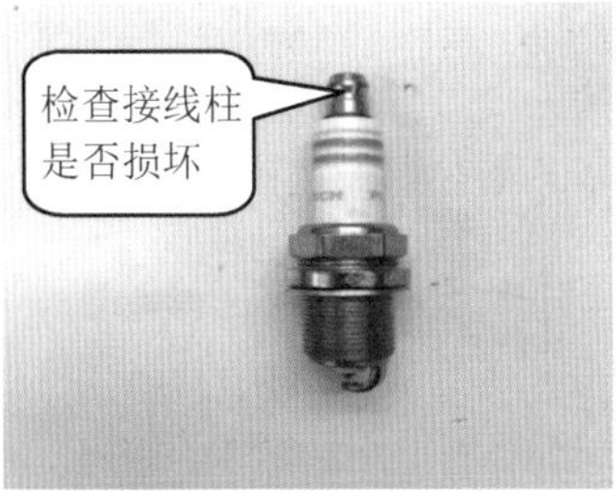 检查接线柱是否损坏	技术要求 目视检查接线柱头是否有弯曲或断裂
8. 检查绝缘体是否击穿或有炭痕、炭黑	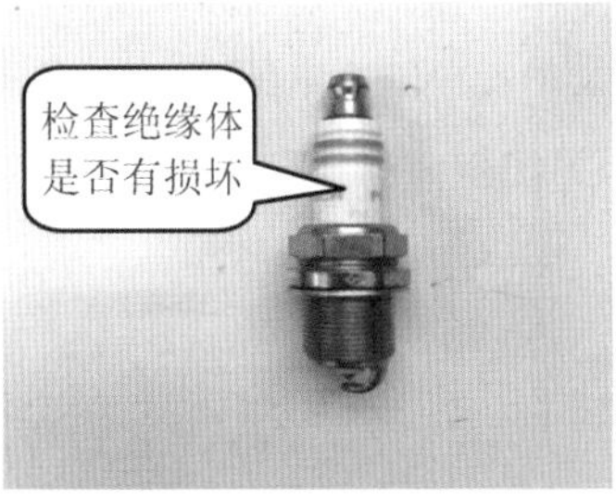 检查绝缘体是否有损坏	技术要求 1. 检查绝缘体表面是否击穿或有炭痕、炭黑 2. 检查绝缘体是否有裂纹
9. 检查火花塞间隙	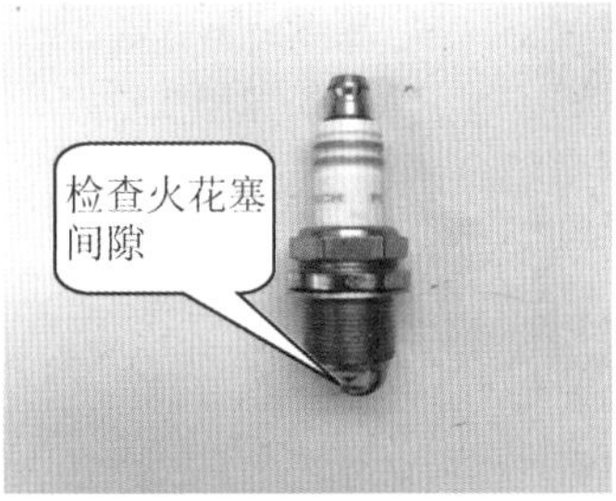 检查火花塞间隙	技术要求 1. 测量之前清洁火花塞，并选用合适的塞尺进行火花塞间隙的测量 2. 火花塞间隙标准为 0.8～0.9 mm 安全警告 测量过程中应从最小标准值开始测量，逐一增加直到合适为止，防止增大火花塞间隙
10. 更换并安装新的火花塞	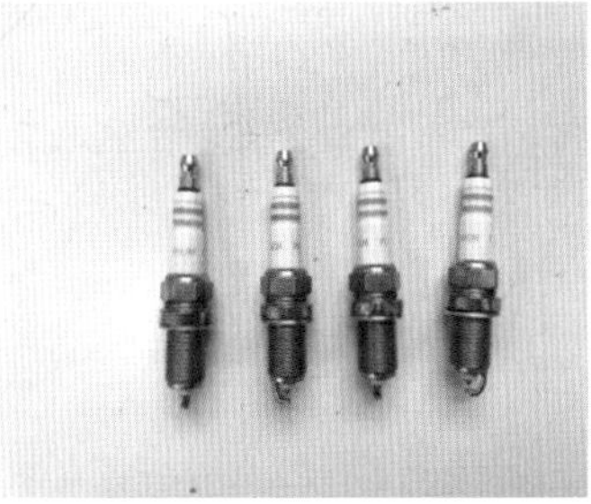	技术要求 1. 用专用套筒旋紧火花塞，从而安装火花塞 2. 选用的火花塞必须是统一的规格和型号 3. 紧固扭矩为 25 N·m

续表

作业内容	图　解	技术规范
11. 检查点火模块是否损坏	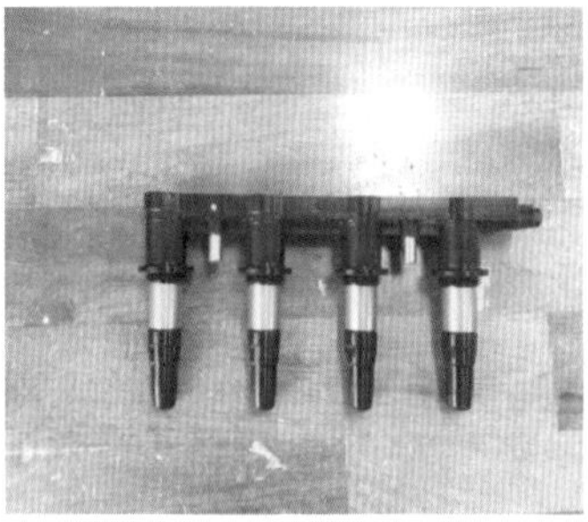	技术要求 1. 检查点火模块头部是否有损坏，橡胶是否有裂纹、脱落的现象 2. 如检测到单个损坏，需整体进行更换
12. 更换并安装新的点火模块		技术要求 1. 要求垂直安装到指定位置，过程中不要左右晃动，防止损坏火花塞 2. 螺栓紧固扭矩为 8 N·m
13. 安装蓄电池负极		技术要求 1. 安装过程中注意不要触碰到车漆表面，防止损坏车面 2. 紧固扭矩为 9 N·m
14. 5S 工作		技术要求 1. 依次收起方向盘套、座椅套、地板垫 2. 将能使用的干净且完好的三件套叠放整齐，放在规定备件车中(教学中采用，低碳环保) 3. 已损坏的分类丢弃到垃圾桶中 4. 整理好翼子板布和前格栅布，放好挡块 5. 清洁车身与工具车

MISSION 6　制动器、离合器踏板的检查与调整

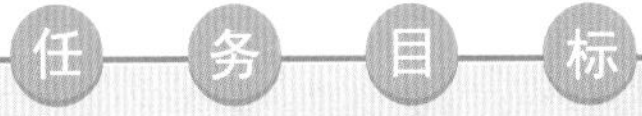

完成本学习任务后，你应当能：

(1)检查和调整制动器踏板自由行程。

(2)检查和调整离合器踏板自由行程。

(3)检查和调整驻车制动器。

建议完成本学习任务为 4 学时。

相关知识

一、行车制动器、离合器踏板检查与调整的必要性

行车制动器踏板自由行程是踏板由初始位置到开始推动活塞，产生制动力，消除各处间隙的这一段行程。行车制动器踏板自由行程的作用是为保证不发生制动拖滞、彻底解除制动而设置的。

离合器踏板自由行程指的是离合器分离杆内端面与分离轴承之间的间隙在脚踏板上的反映。正常的“自由行程”，不仅能防止分离轴承异常的磨损，更重要的是它能保证离合器可靠地接合和彻底地分离。

踏板自由行程过大、过小的危害见表 4-6-1。

表 4-6-1　踏板自由行程过大、过小的危害

踏板自由行程	制动器踏板自由行程	离合器踏板自由行程
自由行程过大	制动作用迟缓，制动效能降低，甚至丧失	离合器不能彻底分离，造成换挡困难
自由行程过小	会导致制动片过热时，制动油密度增大，行程变短，制动片抱死，无法继续行驶	加速分离轴承的磨损，甚至导致摩擦片打滑，无法传递动力

制动器踏板、离合器踏板的检查与调整不仅关系到车辆部件的使用寿命，更关系到驾驶人的生命安全，因此，应定期检查维护。

二、行车制动器踏板、驻车制动器检查与调整的内容

1. 行车制动器踏板检查与调整的内容

发动机停止后，踩下制动器踏板几次，以便解除制动助力器。然后，使用手指轻轻按压制动器踏板并且使用一把直尺测量制动器踏板自由行程(图 4-6-1)。对于配备了液压制动助力器的车辆，至少要踩下制动器踏板 40 次。

提示：当你用手指轻轻按压制动器踏板时，制动器踏板的运动在两个阶段发生变化。

第一阶段：U 形夹销和转轴销的松动。

第二阶段：推杆刚好在液压升高之前运动。

第一阶段与第二阶段的总运动即为制动器踏板的自由行程。

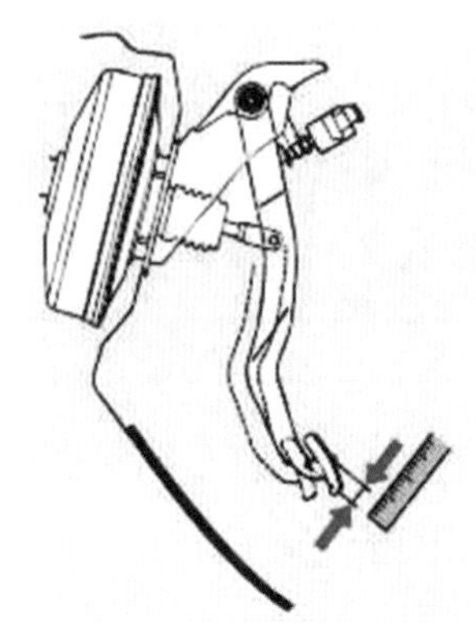

图 4-6-1　自由行程检查

2. 驻车制动器检查与调整的内容

驻车制动器的作用是在车辆停稳后用于稳定车辆，避免车辆在斜坡路面停车时由于溜车造成事故。

(1)驻车制动器手柄行程检查与调整。

检查并确保驻车制动器手柄拉动时，驻车制动器手柄行程在预定的槽数内，如卡罗拉轿车要求在 6～9 槽(拉动时可以听到“咔嗒”声)。如果不符合标准，调整驻车制动器手柄的行程，如图 4-6-2 所示。

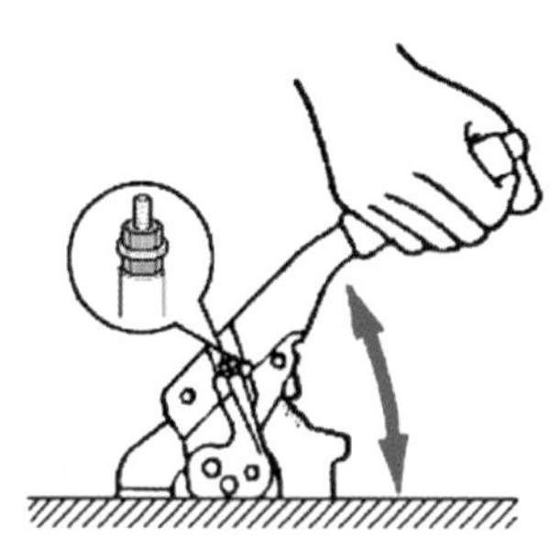

图 4-6-2　驻车制动器手柄行程调整

当驻车制动器手柄行程超出规定值，则调整后制动蹄片或驻车制动蹄片的间隙，然后重复检查。必要时重复这个过程，然后调整驻车制动杆行程。

①松开锁止螺母。

②转动调整螺母或者调整六角螺栓直到驻车制动器手柄或者踏板行程已经正确。

③上紧锁止螺母。

(2)驻车制动器指示灯的工作情况。

在点火开关位于 ON 时，检查以确保当操作驻车器制动手柄时，在拉动手柄到达第一个槽口前，指示灯点亮，释放时，指示灯熄灭，如图 4-6-3 所示。

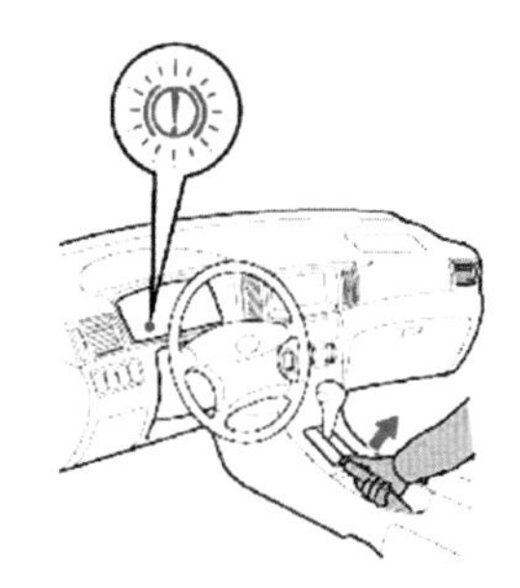

图 4-6-3 驻车制动器手柄指示灯检查

三、制动器、离合器踏板检查与调整的周期

以科鲁兹 1.6 为例，科鲁兹车型维护周期见表 4-6-2。

表 4-6-2 科鲁兹车型维护周期

维护项目	维护周期
制动器踏板自由行程	7 500 km 或 6 个月
离合器踏板自由行程	7 500 km 或 6 个月
驻车制动器	10 000 km 或 6 个月

任务实施

1. 工作任务

制动器、离合器踏板的检查与调整。

2. 任务准备

(1)工作场景：理实一体教室。

(2)主要设备：举升机、科鲁兹轿车、直尺。

(3)辅助材料：车轮挡块 4 块、三件套。

(4)配件耗材：无。

3. 实施步骤（表 4-6-3）

表 4-6-3　制动器、离合器踏板的检查与调整

作业内容	图　　解	技术规范
1. 车辆基本防护和安全检查		技术要求 1. 用遥控钥匙解锁，打开车门 2. 依次安装好地板垫、方向盘套和座椅套，检查挡位是否在空挡或 P 挡，拉起驻车制动器手柄 3. 依次安装好前格栅布和翼子板布 4. 安装好车轮挡块 5. 检查汽车工作液 安全警告 禁止用拿钥匙的手打开车门，以防刮伤车门
2. 插入汽车排气抽气管		技术要求 1. 双手操作插入汽车排气抽气管 2. 排气抽气管避免扭曲 3. 抽排装置风机开动 安全警告 1. 安装时谨防排气抽气管头部卡箍划伤手指 2. 安装时谨防排气抽气管头部撞击车身后部
3. 测量制动器踏板高度		技术要求 1. 用直尺测量从地面到踏板的高度（110～125 mm） 2. 测量时，直尺与踏板尽可能垂直

续表

作业内容	图　　解	技术规范
4. 测量制动器踏板自由行程		技术要求 1. 起动发动机 30 s 后熄火 2. 踩下踏板数次，解除制动助力器 3. 拿直尺并用手轻轻按压直到踏板受力为止 4. 测量踏板的自由行程(10～15 mm)
5. 检查制动踏板助力器功能		技术要求 1. 起动发动机 30 s 后熄火 2. 稍踩下踏板，高位指示灯点亮(响应性良好) 3. 踩踏板数次： 踏板不应完全踩到底，越踩越硬 无异常噪声 踏板过程无松旷
6. 测量离合器踏板自由行程		技术要求 1. 用直尺测出踏板完全放松情况下的高度 2. 拿出直尺测量用手慢慢按下离合器踏板，直到踏板受力为止的高度 3. 这两个高度差值即为离合器自由行程，一般车辆的自由行程在 30 mm 左右，具体数据要看车型
7. 检查驻车制动工作指示灯情况		技术要求 1. 拉起驻车制动器手柄一格 2. 观察仪表盘指示灯是否点亮 3. 拉到底，观察指示灯是否常亮

续表

作业内容	图　　解	技 术 规 范
8. 检查驻车制动器手柄行程		技术要求 1. 拉起驻车制动器手柄并按下解锁钮 2. 放下驻车制动器手柄 3. 一次拉起驻车制动器手柄到底
9. 收起尾气抽排管		技术要求 1. 用双手将抽气管从排气管上脱离 2. 将排气管挂到规定挂钩上或摆在规定位置
10. 5S 工作		技术要求 1. 依次收起方向盘套、座椅套、地板垫 2. 将能使用的干净且完好的三件套叠放整齐，放在规定备件车中(教学中采用，低碳环保) 3. 已损坏的分类丢弃到垃圾桶中 4. 整理好翼子板布和前格栅布，放好挡块 5. 清洁车身与工具车

任务7 MISSION 7 盘式制动器的检查与调整

任务目标

完成本学习任务后，你应当能：

(1)进行制动分泵的泄漏情况检查。

(2)进行制动摩擦片的检查与更换。

(3)进行制动盘磨损量及横向偏摆量的检查。

(4)进行制动卡钳及密封件的工作状况检查。

(5)对制动器拖滞情况进行检查。

建议完成本学习任务为6学时。

相关知识

一、盘式制动器检查与调整的目的

盘式制动器(图4-7-1)，又称为碟式制动器，顾名思义是取其形状而得名。盘式制动器散热快，质量轻，构造简单，调整方便。特别是高负载时耐高温性能好，制动效果稳定，而且不怕泥水侵袭，在冬季和恶劣路况下行车，盘式制动比鼓式制动更容易在较短的时间内令车停下。

制动系统是汽车的重要系统之一，它工作在一个非常恶劣的环境下，如果这个系统出现故障，随时都会有危险，而盘式制动器是制动系统的重要部件，所以需要定期对盘式制动器进行检查和调整。

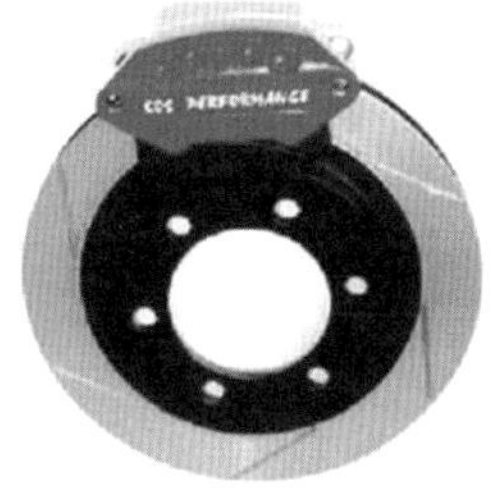

图4-7-1 盘式制动器

二、 盘式制动器检查与调整的内容

1. 制动分泵的泄漏情况检查

(1)制动管路安装状况检查。

(2)制动管路连接接头检查。

(3)制动管路损伤、老化状况的检查。

2. 制动摩擦片的检查

(1)目视摩擦片，有无油污、裂纹等损坏。

(2)用直尺测量制动摩擦片内外侧厚度。

3. 制动盘磨损量及横向偏摆量的检查(图 4-7-2)

(1)盘式转子盘的厚度检查：使用千分尺测量制动盘的厚度。

(2)盘式转子盘的跳动量检查：使用百分表测量制动盘跳动。

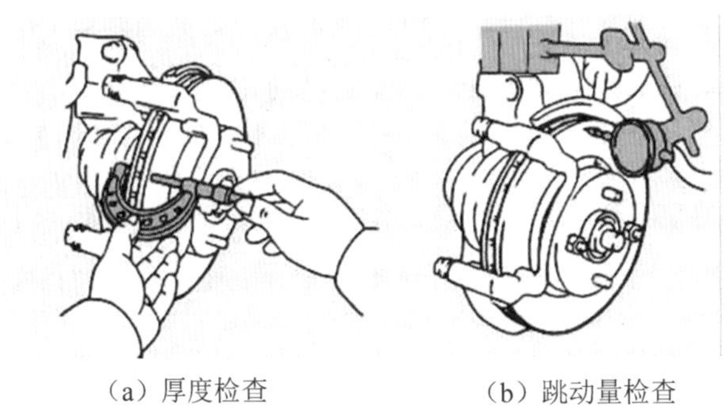

(a) 厚度检查　　(b) 跳动量检查

图 4-7-2　摩擦片的测量检查

4. 制动卡钳及密封件的工作状况检查（图 4-7-3）

(1)检查制动卡钳及密封件是否有变形、损坏。

(2)检查制动卡钳及密封件是否有液体渗漏，如果制动液溅出或者粘在油漆上，立即用水漂洗。否则，将损坏油漆表面。

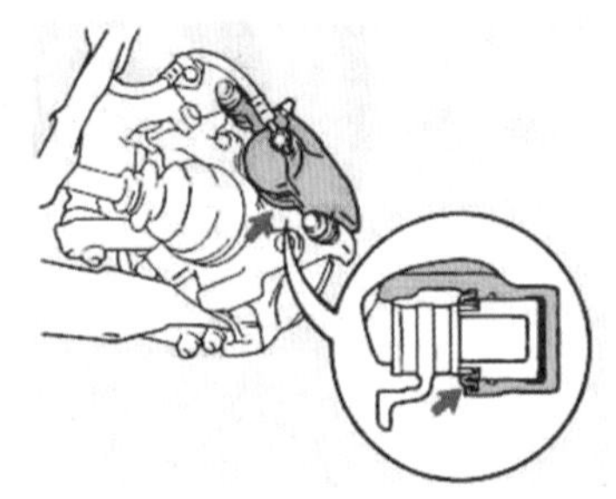

图 4-7-3　制动卡钳及密封件的检查

5. 制动器拖滞情况检查

(1)旋转车辆轮胎一周。

(2)旋转的同时感受是否有阻力影响旋转，如有明显的阻力影响着旋转，说明车辆的制动器有拖滞现象，需立即检查修理。

三、 盘式制动器检查与调整的周期

科鲁兹 1.6 车辆维护周期见表 4-7-1。

表 4-7-1 盘式制动器检查与调整的周期

维护项目	维护周期
摩擦片检查	10 000 km 或 6 个月
制动盘检查	
制动管路和连接(包括制动泵、助力器)	
制动拖滞检查	

拓展知识

陶瓷制动盘

图 4-7-4 为保时捷陶瓷制动盘，其陶瓷并非普通陶瓷，而是在 1 700 ℃高温下碳纤维与碳化硅合成的增强型复合陶瓷。陶瓷盘的质量只有普通铸铁盘的一半不到。举个例子，采用陶瓷制动的 SLR MCIAREB，其前轮制动盘直径为 370 mm，但质量仅为 6.4 kg。而采用普通制动盘的 CL-Class 其前盘直径为 360 mm，但质量高达 15.4 kg。

图 4-7-4 保时捷陶瓷制动盘

更轻的制动盘就意味着悬挂下质量的减轻。这令悬挂系统的反应更快，因而能够提升车辆整体的操控水平。另外，普通的制动盘容易在全力制动下因高热产生热衰退，而陶瓷制动盘能有效而稳定地抵抗热衰退，其耐热效果比普通制动盘高出许多倍，还有，陶瓷碟在制动的最初阶段就立刻能产生最大的制动力，因此甚至无须制动辅助增加系统，而整体制动比传统制动系统更快、距离更短。为了抵抗高热，在制动活塞与制动衬块之间由陶瓷来隔热，陶瓷制动盘有非凡的耐用性，如果正常使用是终身免更换的，而普通的铸铁制动盘一般用上几年就要更换。

尽管陶瓷制动盘的制动性能十分优异，但是它的价格却十分昂贵，如保时捷和奥迪的高性能跑车上的选装价格都在10万元以上。

任务实施

1. 工作任务

盘式制动器的检查与调整。

2. 任务准备

(1)工作场景：理实一体教学楼。

(2)主要设备：科鲁兹轿车，组合工具车，直尺，百分表，磁性表座一套，S形挂钩两个，5～25 N·m、10～100 N·m、40～340 N·m 预制式扭力扳手各一把，0～25 mm、25～50 mm 外径千分尺各一把。

(3)辅助耗材：车轮挡块、翼子板布、前格栅布、三件套、抹布若干、制动系统清洁剂。

(4)配件耗材：摩擦片、润滑脂。

3. 实施步骤（表 4-7-2）

表 4-7-2　盘式制动器的检查与调整

作业内容	图　解	技术规范
1. 车辆基本防护和安全检查		技术要求 1. 用遥控钥匙解锁，打开车门 2. 依次安装好地板垫、方向盘套和座椅套，检查挡位是否在空挡或P挡，拉起驻车制动器手柄 3. 依次安装好前格栅布和翼子板布 4. 安装好车轮挡块 安全警告 禁止用拿钥匙的手打开车门，以防刮伤车门

续表

作业内容	图　　解	技术规范
2. 将车辆举升至合适高度	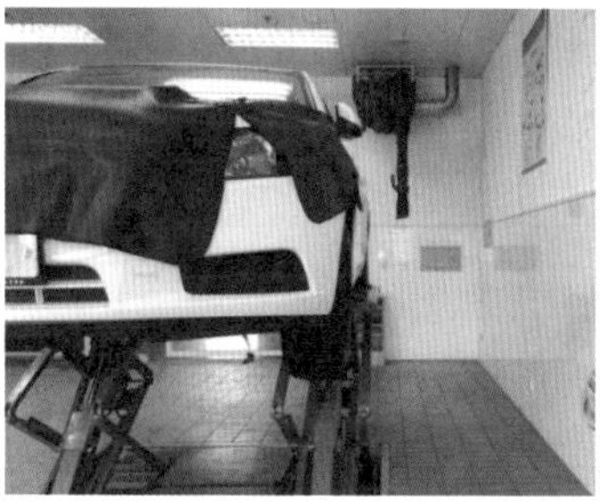	技术要求 1. 举升过程中，两人大声呼应 2. 检查车身支撑情况 3. 将车辆举升到合适高度 4. 检查举升机是否安全锁止 安全警告 禁止未安全锁止进行底盘作业
3. 检查车轮制动器拖滞		技术要求 1. 双手旋转车轮 2. 按轮胎旋转方向，旋转一周，检查是否有阻力 3. 倾听是否有异常噪声
4. 拆卸车轮①气动扳手的使用		技术要求 1. 安装气管 2. 检查挡位 3. 检查旋向 4. 安装套筒 安全警告 安装套筒后检查旋向
5. 拆卸车轮②卸下车轮螺栓		技术要求 1. 一人双手上下扶住车轮 2. 另一人使用气动扳手对角拆卸螺栓 3. 卸下车轮 安全警告 轮胎要压紧扶住，以防损坏螺栓螺纹

续表

作业内容	图　　解	技术规范
6. 拆卸制动卡钳导销螺栓	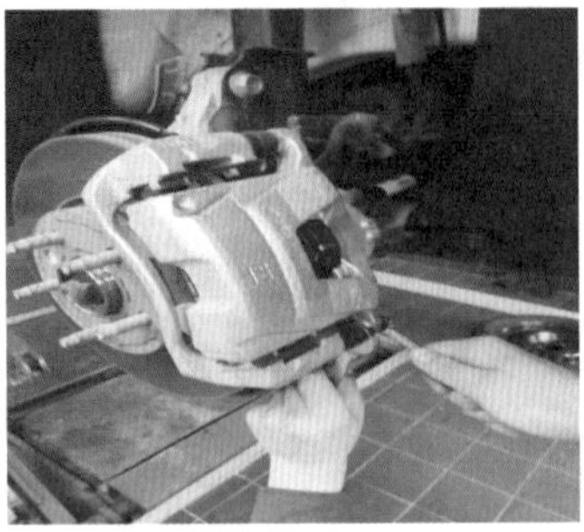	技术要求 1. 右手拿 18 号扳手，同时左手拿 10 号扳手 2. 两手配合使用，拆下钳体螺栓 易发问题 1. 使用扳手时旋错方向 2. 拆卸不仔细
7. 挂上制动钳体	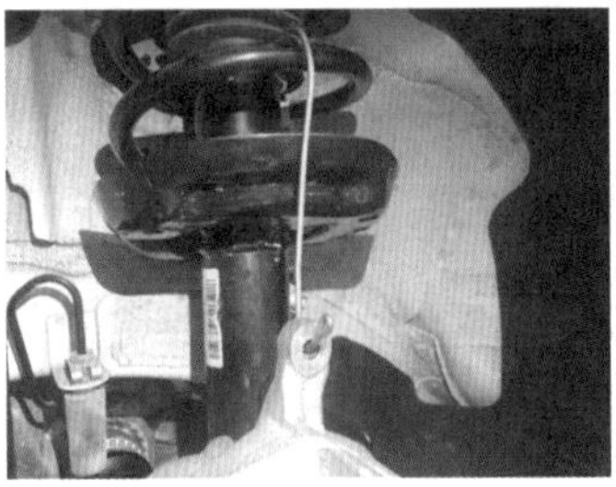	技术要求 1. 不断开液压制动器挠性软管 2. 用 S 形钩把制动钳体挂在螺旋弹簧上 安全警告 S 形钩挂牢，以防钳体掉落
8. 卸下摩擦片		技术要求 双手卸下两个摩擦片 易发问题 双手不要碰到摩擦片的摩擦表面
9. 取下摩擦片固定弹簧		技术要求 从制动卡钳支架上取下固定弹簧 易发问题 固定弹簧较锋利，小心划伤

续表

作业内容	图　　解	技 术 规 范
10. 制动分泵的泄漏情况检查		技术要求 1. 热车检查时，应佩戴手套配合手电筒检查 2. 链接、接头处需触摸检查泄漏情况 3. 检查管路卡箍是否脱落、分离
11. 检查制动钳导销		技术要求 1. 在支架孔内，里外移动导销，查看制动钳导销移动是否受限 2. 检查制动钳托架是否松动 3. 检查制动钳导销是否卡死或卡滞 4. 检查护套是否开裂或破损 如有上述任何状况，则需要更换制动钳导销或护套
12. 清洁摩擦片		技术要求 1. 用专用清洁剂清洁摩擦片表面 2. 用抹布将多余清洁剂擦拭干净
13. 测量摩擦片厚度（内侧）		技术要求 1. 清洁表面，目视摩擦片有无不均匀磨损 2. 左手水平拖住摩擦片，右手用直尺垂直测量 3. 测量其内侧厚度两个位置(磨损极限 2 mm) 易发问题 1. 测量位置不正确 2. 消音片容易掉落

续表

作业内容	图　　解	技 术 规 范
14. 测量摩擦片厚度（外侧）		技术要求 1. 清洁表面，目视摩擦片有无不均匀磨损 2. 左手水平拖住摩擦片，右手用直尺垂直测量 3. 测量其外侧厚度两个位置(磨损极限 2 mm) 易发问题 1. 测量位置不正确 2. 消音片容易掉落
15. 组装磁性表座		技术要求 正确安装，如左图所示 易发问题 组装错误
16. 清洁转子盘		技术要求 1. 用工业酒精或专用清洁剂清洁摩擦片表面 2. 用抹布将多余清洁剂擦拭干净
17. 安装车轮螺栓		技术要求 按星型顺序均匀交替紧固螺母，并按照星型顺序带紧

续表

作业内容	图　解	技术规范
18. 测量转子盘跳动量 ①安装磁性表座		技术要求 1. 磁性表座安装位置要正确，使百分表的接触头与制动盘表面成 90° 2. 百分表表头安装位置要正确(距离边缘 13 mm) 安全警告 精密仪器使用过程中需仔细
19. 测量转子盘跳动量 ②调零		技术要求 1. 百分表预压(1～2 格) 2. 调零 3. 挡块斜面与轮胎紧密接触 4. 挡块放置要周正，不能歪斜 安全警告 旋转速度不宜过快，以防表盘脱落 易发问题 操作不仔细
20. 测量转子盘跳动量 ③测量		技术要求 1. 旋转车轮至少一周 2. 同时观察其跳动量(小于 0.1 mm) 易发问题 1. 旋转车轮过快 2. 百分表易偏离正确位置
21. 测量转子盘厚度 ①目视表面	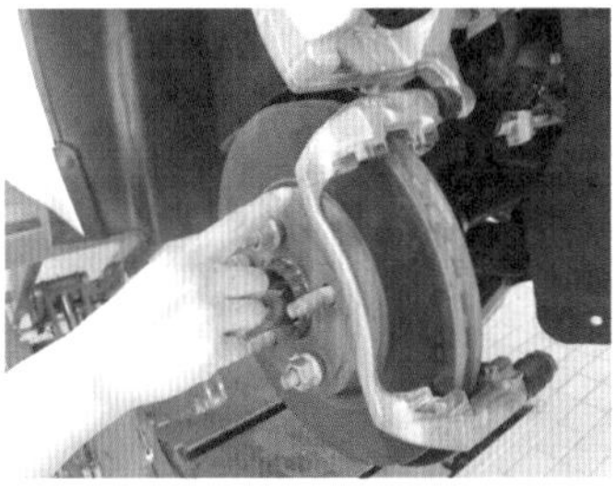	技术要求 1. 目视转子盘表面 2. 观察有无不均匀磨损 易发问题 观察不仔细

续表

作业内容	图　　解	技术规范
22. 测量转子盘厚度②千分尺校零		技术要求 1. 选用适当量程千分尺 2. 正确校零 易发问题 校零不正确
23. 测量转子盘厚度③测量		技术要求 1. 测量其厚度(距离边缘 13 mm) 2. 均匀分布四个或多点进行测量 3. 标准值 26 mm，极限 23 mm 安全警告 精密仪器使用过程中需仔细 易发问题 千分尺使用不当，已损坏
24. 安装摩擦片固定弹簧		技术要求 1. 在摩擦片固定弹簧表面涂抹上润滑油脂 2. 将固定弹簧安装在制动卡钳支架上
25. 安装摩擦片		技术要求 1. 双手安装摩擦片 2. 一只手摁住摩擦片，一只手取下制动钳体 3. 将制动钳体安装到位 易发问题 1. 摩擦片装反 2. 摩擦片安装不到位 3. 双手不要碰到摩擦片、制动盘表面

续表

作业内容	图　　解	技术规范
26. 安装制动卡钳导销螺栓		技术要求 1. 安装制动卡钳钳体 2. 用扳手配合旋紧 3. 用扭力扳手旋紧(28 N·m) 4. 偏转车轮(正向) 易发问题 1. 工具配合使用，旋向问题要注意 2. 安装不仔细
27. 安装车轮		技术要求 1. 双手上下扶住车轮安装 2. 安装车轮螺栓 3. 使用摇把旋紧车轮螺栓 4. 车子落地之后，用扭力扳手旋紧(140 N·m) 易发问题 车轮要正对安装，以防损坏车轮螺栓
28. 5S工作		技术要求 1. 依次收起方向盘套、座椅套、地板垫 2. 将能使用的干净且完好的三件套叠放整齐，放在规定备件车中(教学中采用，低碳环保) 3. 已损坏的分类丢弃到垃圾桶中 4. 整理好翼子板布和前格栅布，放好挡块 5. 清洁车身与工具车

任务8 鼓式制动器的检查与调整

任务目标

完成本学习任务后，你应当能：

(1)进行制动分泵的泄漏情况检查。

(2)进行制动鼓直径的检测。

(3)进行制动蹄直径的检测。

(4)进行制动调节装置的检查和调整。

(5)对制动器拖滞情况进行检查。

建议完成本学习任务为6学时。

相关知识

一、鼓式制动器检查与调整的目的

鼓式制动器(图4-8-1)主要包括制动轮缸、制动蹄、制动鼓、摩擦片、回位弹簧等部分。鼓式制动器利用制动传动机构使制动蹄将制动摩擦片压紧在制动鼓内侧，从而产生制动力，根据需要使车轮减速或在最短的距离内停车，以确保行车安全，并保障汽车停放可靠不能自动滑移。

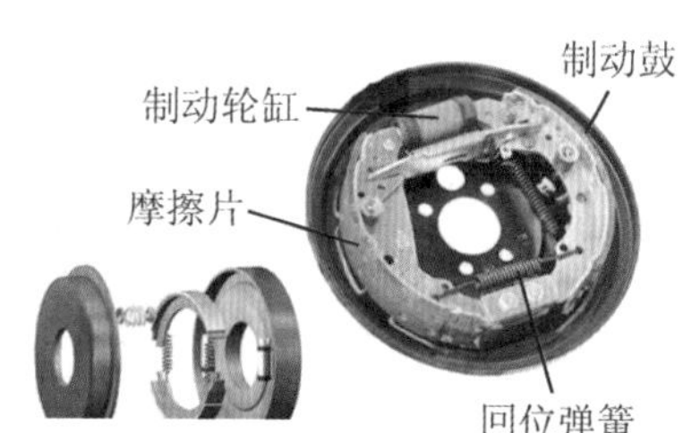

图4-8-1 鼓式制动器

二、鼓式制动器检查与调整的基本周期（表4-8-1）

表4-8-1 鼓式制动器检查与调整的基本周期

保养操作	按月数	6	12	18	24
	km(×1 000)	10	20	30	40
前制动衬片和制动盘		○	○	○	○
后制动衬片和制动盘		○	○	○	○

三、 鼓式制动器检查的作业项目

鼓式制动器检查内容见表 4-8-2。

表 4-8-2 二级维护基本作业项目及技术要求

作业项目	作业内容	技术要求
鼓式制动器	检查制动间隙调整装置	功能正常
	拆卸制动鼓、轮毂、制动蹄，清洁轴承位、轴承、支撑销和制动底板等零件	清洁，无油污，轮毂通气孔畅通
	检查制动底板、制动凸轮轴	制动底板安装牢固、无变形、无裂损。凸轮轴转动灵活，无卡滞和松旷现象
	检查轮毂内外轴承	滚柱保持架无断裂，滚柱无缺损脱落，轴承内外圈无裂损和烧蚀
	检查制动摩擦片、制动蹄及支撑销	摩擦片表面无油污、裂损，厚度符合规定。制动蹄无裂纹及明显变形，铆接可靠，铆钉沉入深度符合规定。支撑销无过量磨损，与制动蹄轴承孔衬套配合无明显松旷
	检查制动蹄复位弹簧	复位弹簧不得有扭曲、钩环损坏、弹性损失和自由长度改变等现象
	检查轮毂、制动鼓	轮毂无裂损，制动鼓无裂痕、沟槽、油污及明显变形
	装复制动鼓、轮毂、制动蹄，调整轴承松紧度，调整制动间隙	润滑轴承，轴承位涂抹润滑脂后再装轴承。装复制动蹄时，轴承孔均应涂抹润滑脂，开口销或卡簧固定可靠。制动摩擦片与制动鼓摩擦面应清洁无油污。制动摩擦片与制动鼓配合间隙符合规定。轮毂转动灵活且无轴向间隙。锁紧螺母、半轴螺母及车轮螺母齐全，扭紧力矩符合规定

拓展知识

鼓式制动器的优点如下。

(1)有自动制动的作用，使制动系统可以使用较低的油压，或是使用直径比制动碟小很多的制动鼓。

(2)驻车制动机构的安装容易。有些后轮装置盘式制动的车型，会在制动盘中心部位安装鼓式制动的驻车制动机构。

(3)零件的加工与组成较为简单，制造成本低廉。

鼓式制动器的缺点如下。

(1)鼓式制动的制动鼓在受热后直径会增大，而造成踩下制动踏板的行程加大，容易发生制动反应不如预期的情况。因此在驾驶采用鼓式制动的车辆时，要尽量避免连续制动造成制动片因高温而产生热衰退现象。

(2)制动系统反应较慢，制动的踩踏力道较不易控制，不利于做高频率的制动动作。

(3)构造复杂零件多，制动间隙须做调整，使得维修不易。

任务实施

1. 工作任务

鼓式制动器的检查与调整。

2. 工作准备

(1)工作场景：理实一体化教室。

(2)主要设备：举升机、教学车辆、组合工具车、测量卡尺、扭力扳手、气动扳手。

(3)辅助材料：翼子板布、前格栅布、三件套、粉笔、抹布、手套、手电筒。

(4)配件耗材：摩擦片、润滑脂。

3. 实施步骤（表 4-8-3）

表 4-8-3　鼓式制动器的检查与调整

作业内容	图　解	技术规范
1. 车辆基本防护和安全检查		技术要求 1. 用遥控钥匙解锁，打开车门 2. 依次安装好地板垫、方向盘套和座椅套，检查挡位是否在空挡或 P 挡，拉起驻车制动器手柄 3. 依次安装好前格栅布和翼子板布 4. 安装好车轮挡块 安全警告 禁止用拿钥匙的手打开车门，以防刮伤车门

续表

作业内容	图　　解	技术规范
2. 拆下后轮轮胎		技术要求 1. 拆下后轮轮胎，拆下之前先用 19 号套筒加指针扳手进行预松 2. 将车辆举升至合适位置，一般以操作人员胸前高度为宜 3. 用棘轮扳手卸下固定螺母 安全警告 禁止未安全锁止进行底盘作业
3. 拆下制动鼓螺钉	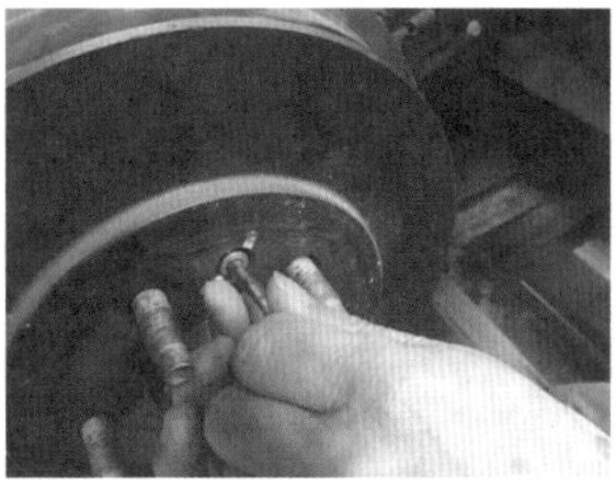	技术要求 用 TX30 将开口销拉直取出 安全警告 一定要确保驻车制动器已完全释放
4. 拆下制动鼓		技术要求 1. 取下后将零部件放入零件车中，或垫胶上，具体根据实际条件操作 2. 清洁制动鼓内表面 安全警告 1. 请勿将零部件随意搁置 2. 勿使制动鼓内表面沾有油污
5. 拆卸调节弹簧	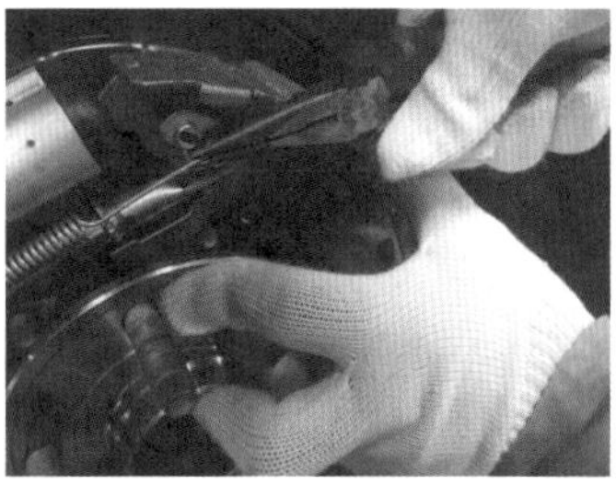	技术要求 1. 用尖嘴钳取下调节弹簧 2. 将调节器弹簧弯钩端与调节器执行器杆上的凸舌分离，释放制动蹄辐板孔上的弹簧 3. 取下后将零部件放入零件车中，或垫胶上，具体根据实际条件操作 易发问题 请勿将零部件随意搁置

续表

作业内容	图　　解	技 术 规 范
6. 拆下调节器总成		技术要求 1. 执行杆将调节器与调节器总成分离 2. 拆下调节器总成，放松制动蹄 3. 取下后将零部件放入零件车中，或垫胶上，具体根据实际条件操作 安全警告 请勿将零部件随意搁置
7. 拆下制动蹄弹簧		技术要求 用夹钳或其他工具压缩定位销弹簧，使定位销能自由转动，旋动定位销使其从弹簧座圈锁口中退出 安全警告 定位销弹簧弹力较大，定位销从锁口中退出时，一定要压紧弹簧，慢慢放松，以防飞出伤人 易发问题 弹簧未压紧，造成拆卸困难或弹簧飞出
8. 拆下制动蹄		技术要求 压缩制动轮缸，转动轮缸活塞，使挡口朝外，取下制动蹄组件 易发问题 弹簧未压紧，造成拆卸困难或弹簧飞出
9. 拆下制动蹄回位弹簧	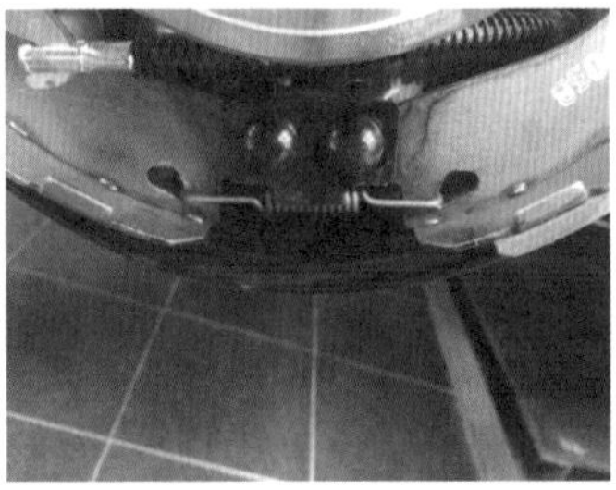	技术要求 拆下制动蹄回位弹簧，取下后将零部件放入零件车中，具体根据实际条件操作 安全警告 请勿将零部件随意搁置

续表

作业内容	图　　解	技术规范
10. 将驻车拉索从驻车杆上拆下	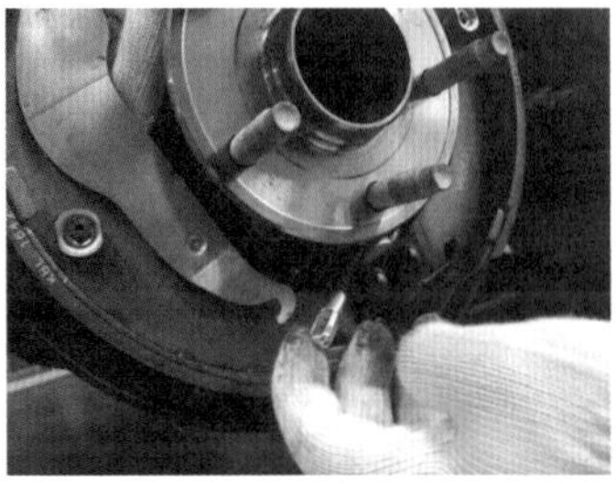	安全警告 切记拆卸时不要用力过大，防止部件变形
11. 按拆解顺序放好零件		技术要求 1. 分解制动蹄组件，将上、下复位弹簧，定位弹簧，驻车制动推杆拆解 2. 取下后将零部件放入零件车中，或垫胶上，可根据具体条件操作 安全警告 请勿将零部件随意搁置
12. 制动蹄的测量		技术要求 1. 用游标卡尺测量制动蹄摩擦片的厚度(不包括衬片厚度) 2. 标准值为 5 mm，使用极限为 1.6 mm 3. 更换新的制动摩擦片或制动鼓时，应用砂纸对其工作面进行适当均匀打磨 安全警告 请勿将零部件随意搁置
13. 检查制动分泵	 检查分泵	技术要求 检查制动分泵有无泄漏，橡胶处有无老化、脱落 安全警告 防止泄漏制动液，以免腐蚀车身漆面

续表

作业内容	图　解	技术规范
14. 将调节器总成安装至调节器执行杆		技术要求 将调节器总成安装至调节器执行杆时，尽可能旋转调节器，不发生卡滞现象 易发问题 调节器不能旋转
15. 将驻车拉索安装至驻车制动杆	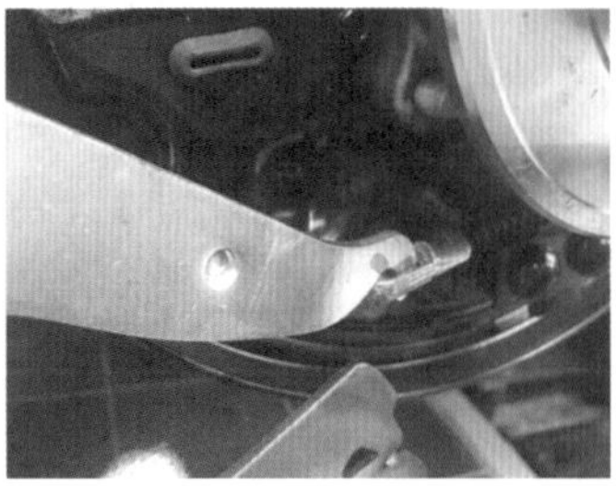	技术要求 将驻车拉索安装至驻车制动杆上，一定要安装到位 安全警告 驻车拉索和驻车制动杆未安装到位
16. 安装制动蹄回位弹簧	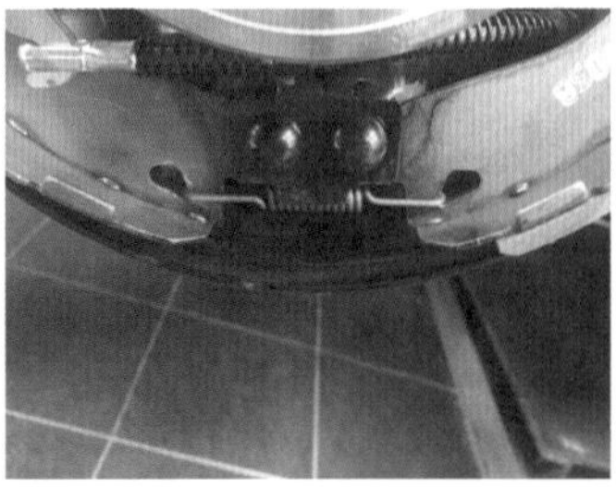	技术要求 用起子将回位弹簧安装到位，确保弹簧卡扣和制动蹄安装牢固 安全警告 回位弹簧弹力较大，安装时小心
17. 安装制动蹄弹簧		技术要求 1. 用专用工具 CH-346 拧动弹簧帽 2. 定位销弹簧弹力较大，安装时应使弹簧帽锁口与定位销扁头错开 90°，慢慢放松 安全警告 制动蹄限位弹簧弹力较大，安装时小心

续表

作业内容	图　解	技术规范
18. 安装调节弹簧	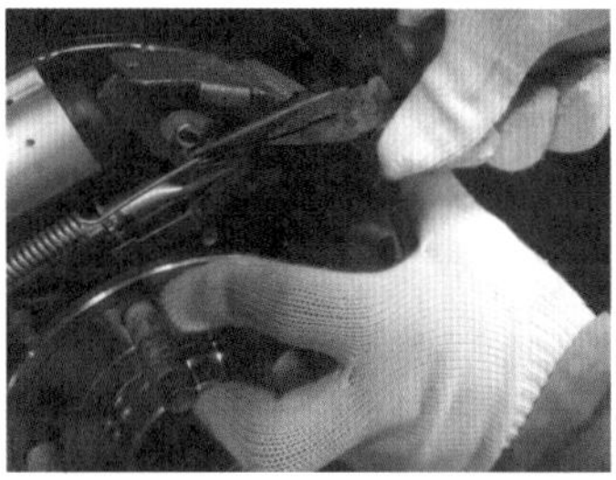	技术要求 用尖嘴钳安装调节弹簧，确保弹簧上的搭扣与执行杆上的凸舌充分结合 易发问题 弹簧上的搭扣与执行杆上的凸舌没有充分结合
19. 调节鼓式制动器①		技术要求 1. 检查制动鼓内圈有无烧损、刮痕和凹陷 2. 清洁 CH-21177-A 量规，用 CH-21177-A 定位至制动鼓内径的最宽点处 3. 从制动鼓上拆下 CH-21177-A 量规，并将其安置到相应的制动蹄上的最宽点处 易发问题 CH-21177-A 量规未放至制动鼓内径的最宽点处
20. 调节鼓式制动②		技术要求 4. 当将 CH-21177-A 量规保持在适当位置时，在 CH-21177-A 量规的一侧与相应的制动蹄摩擦衬片之间插入适当的测隙规 5. 转动制动蹄调节器螺钉直到制动蹄衬片接触到 CH-21177-A 量规和测隙规 6. 制动蹄摩擦衬片至制动鼓间隙为 0.4～0.9 mm

续表

作业内容	图　　解	技术规范
21. 安装制动鼓		技术要求 1. 如果安装新的制动鼓，应使用工业酒精或同等制动器清洗剂和干净抹布清除制动鼓摩擦表面的涂层 2. 清洁制动鼓内表面 安全警告 勿使制动鼓内表面沾有油污
22. 安装制动鼓螺钉		技术要求 安装鼓式制动器螺钉，并紧固至 7 N·m
23. 5S 工作		技术要求 1. 依次收起方向盘套、座椅套、地板垫 2. 将能使用的干净且完好的三件套叠放整齐，放在规定备件车中(教学中采用，低碳环保) 3. 已损坏的分类丢弃到垃圾桶中 4. 整理好翼子板布和前格栅布，放好挡块 5. 清洁车身与工具车

任务9 MISSION 轮胎换位

任务目标

完成本学习任务后，你应当能：

(1)判断轮胎的类型。

(2)根据维修手册规范地进行轮胎换位。

建议完成本学习任务为4学时。

相关知识

一、轮胎换位的目的

轿车的车轮，通常是分驱动轮和非驱动轮的，驱动轮的磨损要大于非驱动轮。

轿车通常是发动机前置，大多数的使用情况下，驾乘都是在前座，所以前轮的载荷要大于后轮。

前轮负责转向，承受转向时的侧向力和摩擦，所以前轮侧磨损要大于后轮。目前大多数轿车是前轮驱动，所以前轮的磨损要大于后轮。

我国的交通是“右行制”，左转弯车速会大于右转弯车速，所以汽车右侧的轮胎在左转弯时受到的压力大于左侧轮胎，汽车行驶一定里程后，右侧轮胎的磨损会比左侧严重。

因此，轿车上的四条轮胎，由于作用不同、接触的路面情况不同、载荷不同，甚至由于交通法规的要求，其磨损不可能是一样的。轮胎换位的目的是让四条轮胎磨损均匀，延长轮胎的使用寿命。

二、轮胎换位的方法

汽车分为前驱、后驱及四驱，轮胎换位方法也是不一样的，要根据汽车实际情况，采用正确的互换方法，如图4-9-1所示。

前驱车或后驱车：
驱动轮垂直换，非驱动轮对角换。

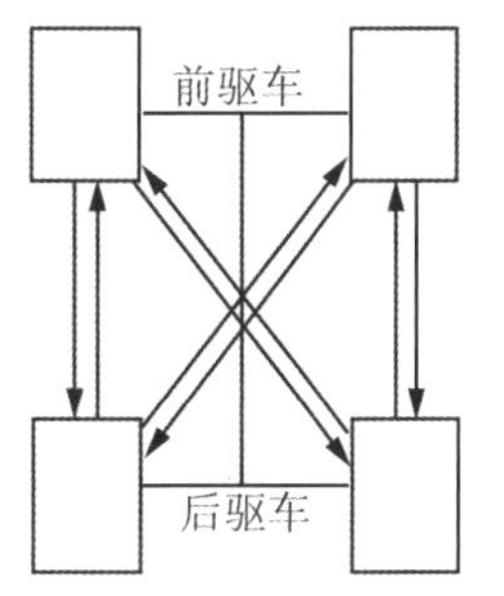

四驱车型或单导向轮胎：
轮胎直接前后换。

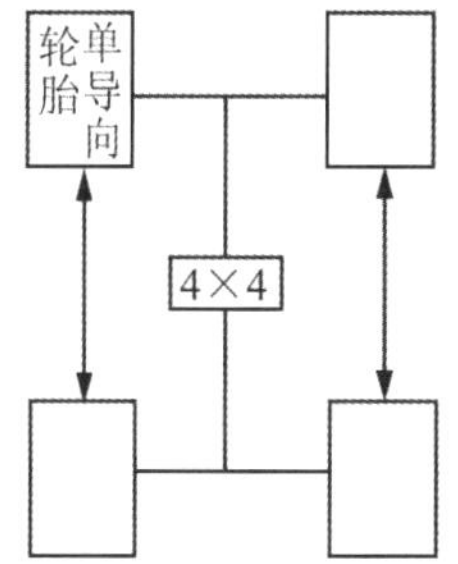

图4-9-1　轮胎换位

三、轮胎换位的周期

根据驾驶人不同的驾驶习惯和驾驶路线，应参照汽车自带的保养手册定期进行轮胎换位。

以科鲁兹 1.6 为例，轮胎换位间隔一般新车为 10 000 km，以后每行驶 5 000～10 000 km 进行一次轮胎换位。

拓展知识

轮胎的规格型号说明如图 4-9-2 所示。

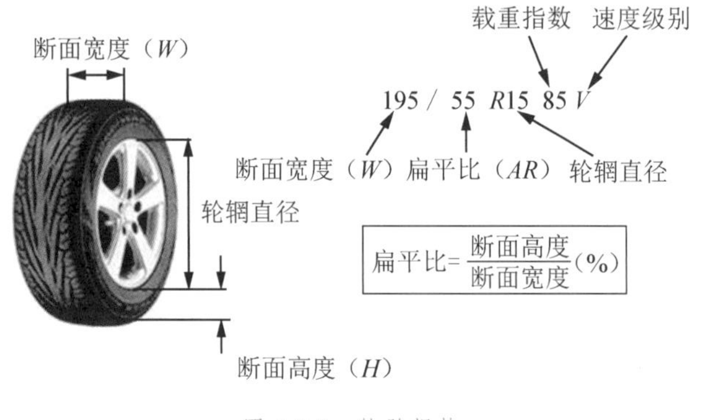

图 4-9-2　轮胎规格

任务实施

1. 工作任务

轮胎换位。

2. 任务准备

(1)工作场景：理实一体化教室。

(2)主要设备：举升机、教学车辆、尾气抽排装置、成套组合工具车、多层零件车、轮胎架、工作台、垃圾桶、多媒体设备等。

(3)辅助材料：翼子板布、前格栅布、三件套、抹布、手套。

(4)配件准备：无。

3. 实施步骤（表 4-9-1）

表 4-9-1 轮胎换位

作业内容	图解	技术规范
1. 车辆基本防护和安全检查		技术要求 1. 用遥控钥匙解锁，打开车门 2. 依次安装好地板垫、方向盘套和座椅套，检查挡位是否在空挡或P挡，拉起驻车制动器手柄 3. 安装好车轮挡块 安全警告 禁止用拿钥匙的手打开车门，以防刮伤车门
2. 确定车辆驱动类型		技术要求 1. 将车辆挂至空挡，松开驻车制动器手柄，举升至胸口位置 2. 旋转前轮一侧车轮，观察另一侧前轮是否反向旋转 3. 同理，检查车辆两后轮旋转方向是否相反 4. 判断该车的驱动类型(教学车辆为前驱)
3. 拆卸车轮		技术要求 1. 用粉笔在4个车轮上做好标记(左前、右前、左后、右后) 2. 标记车轮相对于轮毂位置 3. 用风动扳手拆下车轮螺母 4. 拆下车轮
4. 轮胎换位		技术要求 1. 将左前轮调换至左后轮位置 2. 将右前轮调换至右后轮位置 3. 将左后轮调换至右前轮位置 4. 将右后轮调换至左前轮位置

续表

作业内容	图　解	技术规范
5. 清洁		技术要求 1. 清除车轮和轮毂安装面上所有的锈蚀或异物 2. 清洁车轮双头螺栓和车轮螺母上的螺纹
6. 安装车轮		技术要求 1. 将车轮定位标记对准轮毂 2. 安装车轮 3. 按星型顺序均匀交替紧固螺母，以避免跳动量过大 4. 降下举升机。车轮螺母紧固至140 N·m
7. 拧紧车轮螺栓		技术要求 1. 将扭力扳手调至140 N·m 2. 按照星型顺序预拧紧一遍车轮螺栓 3. 用140 N·m扭矩再上一遍扭矩
8. 5S工作		技术要求 1. 依次收起方向盘套、座椅套、地板垫 2. 将能使用的干净且完好的三件套叠放整齐，放在规定备件车中(教学中采用，低碳环保) 3. 已损坏的分类丢弃到垃圾桶 4. 清洁车身和工具车

任务10 排气污染物的检测

任务目标

完成本学习任务后，你应当能：

(1)使用尾气分析仪。

(2)测量尾气数值。

(3)判断尾气排放是否合格。

(4)践行保护优先的绿色生产生活方式。

建议完成本学习任务为4学时。

相关知识

一、排气污染物的危害

汽车排气中的有害物质会对环境造成污染。有害物质中有一氧化碳、碳氢化合物(烃类)、醛、氮氧化合物、臭氧、二氧化硫、铅和酸的化合物等，其中最有害的是一氧化碳、氮氧化合物、烃类和铅化合物。在轿车较集中的大城市中，空气中50%左右的污染物来自汽车的排气，排气中有害物的成分往往达到对人体有害的程度。

二、排气污染物的检测周期

道路交通安全法及其实施条例根据车辆用途、类型、使用年限等特点，设定了不同的检验周期，小型私家车6年内每2年检验1次，6～15年每年检验1次，15年以后每半年检验1次。2014年9月1日起，试行6年以内的非营运轿车和其他小型、微型载客汽车免检制度，每2年需要定期检验时，机动车所有人提供交通事故强制责任保险凭证、车船税纳税或者免征证明后，可以直接向公安机关交通管理部门申请领取检验标志，无须到检验机构进行安全技术检验。

拓展知识

所有车辆都可以免检?

所有新出厂的轿车和其他小型、微型载客汽车，以及经工业和信息化部认定免予安全技术检验的其他新出厂的机动车，在办理机动车注册登记前，不再进行安全技术检验。但出厂后两年内未申请注册登记，或者注册登记前发生交通事故的，仍应进行安全技术检验；自车辆出厂之日起，超过4年未办理注册登记手续的，6年内仍按原规定上线检验。

6年内免检政策适用的车型包括：非营运轿车(含大型轿车)、非营运小型和微型载客汽车，但其中面包车、7座及7座以上车辆不属于免检车型。属于免检范围的车辆发生过造成人员伤亡的交通事故的，6年内仍按原规定每2年检验1次。自车辆出厂之日起，超过4年未办理注册登记手续的，6年内仍按原规定上线检验。

任务实施

1. 工作任务

排气污染物的检测。

2. 任务准备

(1)工作场景：理实一体化教室。

(2)主要设备：教学用车(科鲁兹)、举升机、手电筒、尾气分析仪。

(3)辅助设备：三件套、抹布、手套、白板、卡片纸、双面胶等。

(4)配件准备：无。

3. 实施步骤（表4-10-1）

表4-10-1　排气污染物的检测

作业内容	图　解	技术规范
1. 车辆基本防护和安全检查		技术要求 1. 用遥控钥匙解锁，打开车门 2. 依次安装好地板垫、方向盘套和座椅套，检查挡位是否在空挡或P挡，拉起驻车制动器手柄 3. 依次安装好前格栅布和翼子板布 4. 安装好车轮挡块 安全警告 禁止用拿钥匙的手打开车门，以防刮伤车门

续表

作业内容	图　　解	技术规范
2. 打开尾气分析仪机器	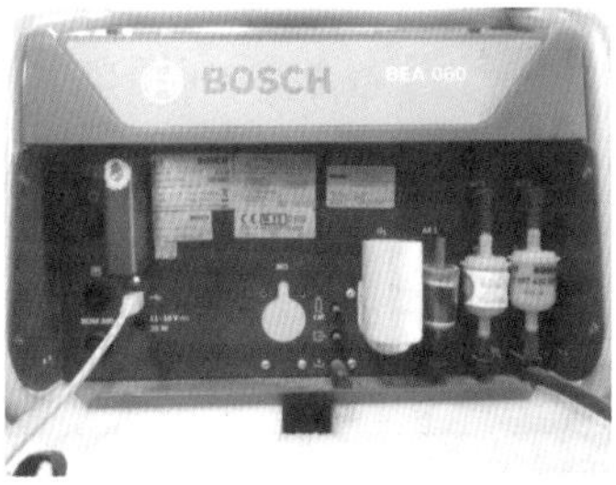	技术要求 打开尾气分析仪机器，按机器上的按钮，待指示灯亮起
3. 打开计算机上尾气分析仪软件		技术要求 打开计算机上尾气分析仪软件
4. 输入车辆信息		技术要求 选项手动输入车辆信息
5. 预热	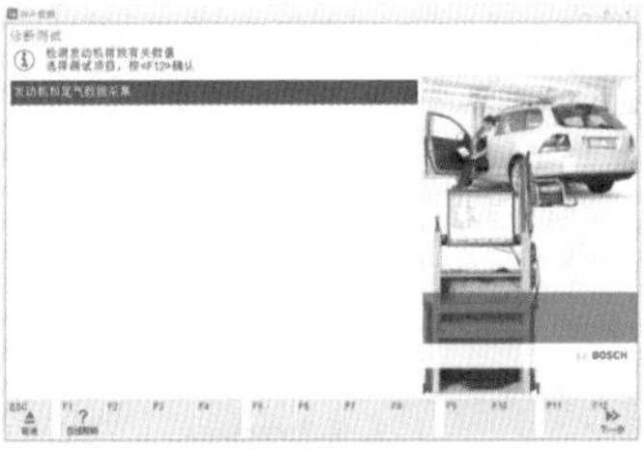	技术要求 按F5再按F12(继续)等待预热15 s左右
6. 检漏	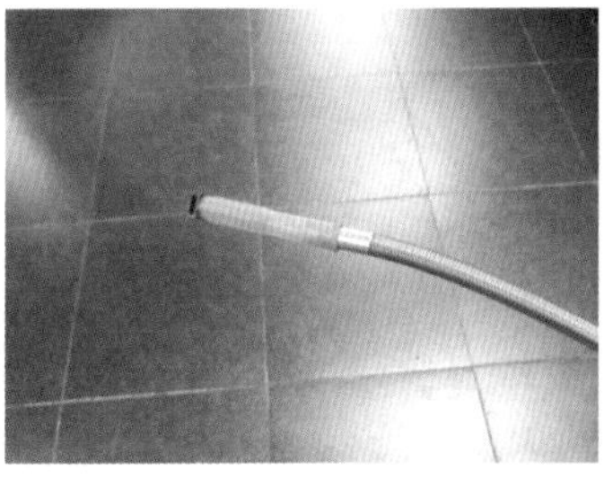	技术要求 1. 预热结束后出现检漏程序，将塑胶套完全套在检漏探测金属棒前段 2. 鼠标单击界面，按F5进行检漏

续表

作业内容	图　解	技 术 规 范
7. 归零	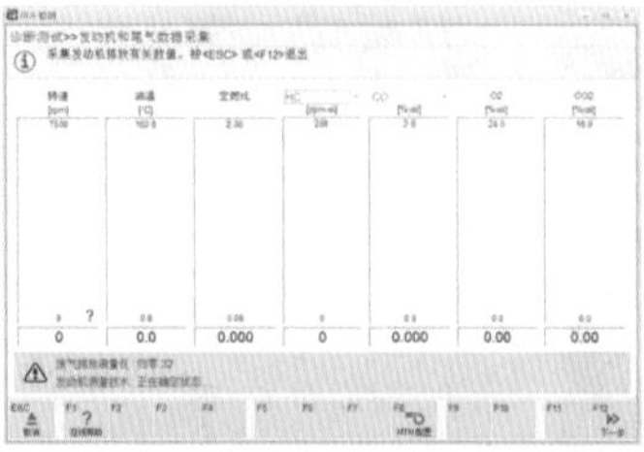	技术要求 检漏结束后按“ESC”键退出，等待归零20 s左右
8. 探测棒插入排气管	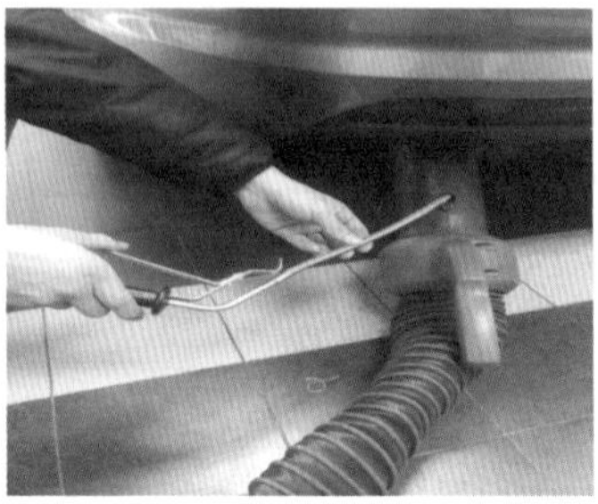	技术要求 将探测棒插入排气管400 mm左右
9. 起动车辆	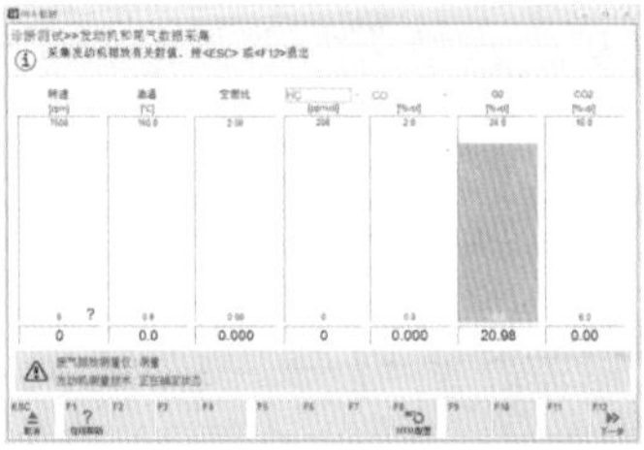	技术要求 1. 起动车辆 2. 所有用电设备关闭 3. 进行数据抄写
10. 退出检测程序		技术要求 按F4退出检测程序
11. 清洁归位	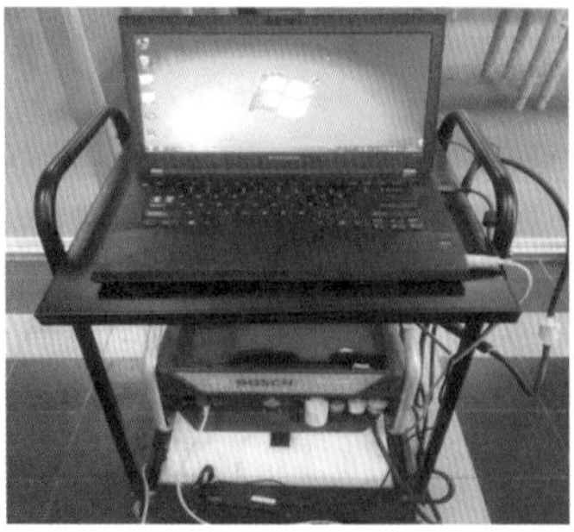	技术要求 1. 关闭计算机程序 2. 拔掉探测棒，清洁后归位

续表

作业内容	图 解	技术规范
12. 5S 工作		技术要求 1. 收起翼子板布、前格栅布，放到规定位置，盖上发动机舱盖 2. 收起三件套，丢弃至指定垃圾箱 3. 拔出钥匙，锁好车门，钥匙放回指定位置 4. 清洁车辆、地面及工具
13. 填写工作表单		技术要求 1. 完成的项目在工作表单中确认 2. 正常的打“√”，有问题的打“×” 3. 有数据记录的记录相关数据 4. 有疑问的做好相关记录

工匠精神

4. 创新。“工匠精神”还包括追求突破、追求革新的创新内蕴。古往今来，热衷于创新和发明的工匠们一直是世界科技进步的重要推动力量。新中国成立初期，我国涌现出一大批优秀的工匠，如倪志福、郝建秀等，他们为社会主义建设事业做出了突出贡献。改革开放以来，“汉字激光照排系统之父”王选，“中国第一、全球第二的充电电池制造商”王传福，从事高铁研制生产的铁路工人和从事特高压、智能电网研究运行的电力工人等都是“工匠精神”的优秀传承者，他们让中国创新重新影响了世界。

课程评价

同学们，本课程学习结束了，感谢你始终如一的努力学习和积极配合。为了能使我们不断地改进，提高专业教学效果，我们珍视各种建议、创意和批评。为此，我们很乐于了解你对本模块学习的真实看法。当然，这一过程中所收集的数据采用不记名的方式，我们都将保密，且不会透漏给第三方。对于有些问题，只需做出选择，有些问题，则请借助几个关键词给出一个简单的答案。

项目名称：　　　　　　　　教师姓名：	很满意	满意	一般	不满意	很不满意
课程时间：　年　月　日　—　日　第　　周					
授课地点：					
项目教学组织的评价	☺		😐		☹
1. 你对实训楼的教学秩序是否满意？	□	□	□	□	□
2. 你对实训楼的环境卫生状况是否满意？	□	□	□	□	□
3. 你对实训楼学生整体的纪律表现是否满意？	□	□	□	□	□
4. 你对你们这一小组的总体表现是否满意？	□	□	□	□	□
5. 你对这种理实一体化的教学模式是否满意？	□	□	□	□	□
学习教师的评价	☺		😐		☹
6. 你如何评价培训教师？（总体印象/能力/表达能力/说服力）	□	□	□	□	□
7. 教师组织培训通俗易懂，结构清晰。	□	□	□	□	□
8. 教师非常关注学生的反应。	□	□	□	□	□
9. 教师能认真指导学生，对任何学生都不放弃。	□	□	□	□	□
10. 你对培训氛围是否满意？	□	□	□	□	□
11. 你认为理论和实践的比例分配是否合适？	□	□	□	□	□
12. 你对教师在岗情况是否满意？（上课经常不在培训室，接打电话等）	□	□	□	□	□

续表

项目名称： 教师姓名： 课程时间： 年 月 日 — 日 第 周 授课地点：	很满意	满意	一般	不满意	很不满意
学习内容的评价	☺		😐		☹
13. 你对培训涉及的题目及内容是否满意？	□	□	□	□	□
14. 课程内容是否适合你的知识水平？	□	□	□	□	□
15. 培训中使用的各种器材是否丰富？	□	□	□	□	□
16. 你对发放的学生手册和学生工作手册是否满意？	□	□	□	□	□

请回答下列问题：

1. 在学习组织方面哪些地方还需要进一步改进？

____

____

2. 哪些学习内容您特别感兴趣？为什么？

____

____

3. 哪些学习内容您不特别感兴趣？为什么？

____

____

4. 关于学习内容是否还有你想学但这次没有涉及的？如有，请指出。

____

____

5. 你对哪些学习内容比较满意？哪些方面还需要进一步改进？

____

____

6. 你希望每次活动都给小组留有一定的讨论时间吗？你认为多长时间较为合适？

____

____

7. 通过本课程的学习，你最想对自己说些什么？

____

____

8. 通过本课程的学习，你最想对教授本课程的教师说些什么？

____

____